品集萃丛书·时光不老系列

光是
梦想的接力棒

《中学生博览》杂志社 选编

时代文艺出版社

图书在版编目（CIP）数据

时光是追逐梦想的接力棒 /《中学生博览》杂志社选编. -- 长春：时代文艺出版社，2021.6
（青春美文精品集萃丛书. 时光不老系列）
ISBN 978-7-5387-6642-4

Ⅰ. ①时… Ⅱ. ①中… Ⅲ. ①作文－中小学－选集 Ⅳ. ①H194.5

中国版本图书馆CIP数据核字(2021)第068024号

时光是追逐梦想的接力棒
SHIGUANG SHI ZHUIZHU MENGXIANG DE JIELIBANG

《中学生博览》杂志社　选编

| 出 品 人：陈　琛 |
| 责任编辑：王　峰 |
| 装帧设计：任　奕 |
| 排版制作：隋淑凤 |

出版发行：时代文艺出版社
地　　址：长春市福祉大路5788号　龙腾国际大厦A座15层　（130118）
电　　话：0431-81629751（总编办）　0431-81629755（发行部）
网　　址：weibo.com/tlapress（官方微博）　sdwycbsgf.tmall.com（天猫旗舰店）
开　　本：880mm×1230mm　1/32
字　　数：135千字
印　　张：7
印　　刷：三河市嵩川印刷有限公司
版　　次：2021年6月第1版
印　　次：2021年6月第1次印刷
定　　价：36.00元

图书如有印装错误　请寄回印厂调换

编 委 会

编委会主任：刘翠玲　夏野虹　高　亮

编　　　委：宁　波　孟广丽　张春艳

　　　　　　李鹏修　苗嘉琳　姜　晶

　　　　　　王　鑫　李冬娟　王守辉

Contents 目　录

让我留在你身边

我是你的宝贝孬 / 唯　爱　002

让我留在你身边 / 单　荨　005

从你的小时光里打马而过 / 倩倩猪　014

没有公主命，别犯公主病 / 天黑黑　026

冬天前的碎片

无赖 / 林宵引　036

时间有限，逾期不候 / 愈　之　051

冬天前的碎片 / 天黑黑　062

被遗忘的时光

首蓿花开那些年 / 陆　屿　068
纸飞机飞不过万水千山 / 陈小艾　079
从前慢 / 林宵引　088
被遗忘的时光 / 马佳威　103
唯有时光听我说 / 夏南年　111

信笺燃烧的时光长不过一首歌

似曾相识燕归来 / 冯　瑜　126
信笺燃烧的时光长不过一首歌 / Z姑娘　135
请把那月光收藏 / 八　蟹　149
荆棘的心成长过三次 / 林舒蓝　162

一个人的地老天荒

一个人的地老天荒 / HP　178
我实话跟你讲哦，我不喜欢你 / zzy阿狸　185
一个人的戏 / 李雨丝　193
你给的，美好昨天 / 鹿　眠　212

让我留在你身边

我是你的宝贝孬

唯 爱

不管我遇到多少男人,你始终是我唯一的女人。

偶然间从一篇文章中看到这句话,很喜欢,索性将个性签名也改成了这个。

我说,钱傻,遇见你是我的缘,认识你是我的幸。我是你的宝贝孬,你是我的钱傻。

算算日子,咱们认识四年了。我见证了钱傻从一个假小子蜕变成一个小女人的奇迹。

初次见面,一头短得不能再短的头发,低沉的声音,"同学,你有纸巾吗?"这是钱傻对我说的第一句话。我低头在袋里掏了半天,没找着。于是你又转身找其他人借。

后来知道你姓钱,叫钱鑫,我就一直拿你的名字说笑。

钱鑫，钱三金呀，你的名字里咋都是钞票呢？

从初一起，咱们就开始熟络起来了。钱傻长期顶着一头利落的短发，一身黑衣，像个假小子。

在钱傻的眼里，我就是一个单纯的孩子。她总说，瞧你一副孬样。

于是，我篡改了《疯人愿》里的歌词。

"我是个孬子孬子孬子，只爱你的孬子，你是个傻子傻子傻子，傻得却很懂事。"

我们会十指相扣地逛街，一起肆无忌惮地大笑，任凭路人怪异的眼光。

一个暑假没见，钱傻的头发不那么短了。

青春期的萌动，也会有一些男生主动示好。钱傻一直坚定着自己的立场，坚决不跨入早恋的行列。我就没那么经得起诱惑，初二的时候，开始了自己的初恋。

他是一个很黏人的男孩子，叫W。

以后的很多时间，我都是和W在一起。钱傻也会不高兴，每次瞧见W都瞪着他。有时候她会跟我抱怨，"你就是重色轻友，有了男人就不要姐们儿了。"我笑，"小妮子家醋坛子打翻了。"

因为谈恋爱，我的成绩一落千丈，最终还是和W分了手。

父母无休止的谩骂，老师的恨铁不成钢，同学鄙夷的眼神，我从众人眼中的好学生变成了不学无术、早恋的坏孩子。钱傻一直陪在我身边，偶尔也会骂我几句："叫你谈恋爱，该，现在知道还是我好吧。"我狠狠地点头。

初中三年就这样过去了。我和钱傻没能进入同一所学校念书。

钱傻去了一所寄宿学校，每两周才回来一次。

我怕我们会就此断了联系，呵呵，是我想太多。

钱傻每次回来都会先到我们学校看看我，然后我们一起牵着手在大马路上东拉西扯，一起不顾形象地大笑。

有一次因为和同学闹矛盾，我心里很不开心，出了校门，看见钱傻在远处冲着我笑，眼泪就这么不争气地流了下来。钱傻也吓坏了，跑过来摸摸我的脸说："怎么了？谁欺负我家宝贝孬了，我抽他去。"我一头扎进她的怀抱，放声大哭起来。最后，我说："钱傻，上天注定在我最脆弱的时候身边一定有个你。"

现在，钱傻不再像从前那样穿单调的黑色，头发也越来越长了。我打趣道："小妮子越来越有女人味了呢。"

我喜欢范范的那首歌：遇见一个人，然后生命从此改变，原来不是恋爱才有的情节。钱傻，在这个叫作青春的日子里，能够遇见你，真好！

让我留在你身边

单荨

我的名字叫祝安。

祝先生是我的父亲,而祝公子祝宸是我的弟弟。

1

高考完的那个暑假,我破天荒地没有选择去打暑期工而是窝在家里,空闲的时间里,如果除去和祝先生以及好朋友度过的那一部分不说的话,我把百分之三十的时间拿来写稿子,百分之五十的时间拿来看书看电视,剩下的百分之二十的时间竟然是在和祝公子的互相调侃中度过的。

看电视的话总难免会被带入剧情之中,入戏太深就可能要流眼泪,可是当我被虐哭的时候,偏偏打完球的祝公子回家了,而且他倒了一杯橙汁就坐在我的左前方,一边喝一边平静地低头看手机。

我松了口气,想不到祝公子竟然没有当着我的面抱着肚子哈哈大笑,于是我也就擦了擦眼泪,然后继续看,继续哭。两分钟后,我的手机提示音响了起来,打开一看,居然是祝公子刚刚录的小视频,并且附上一句留言:今晚我要见到超甜的冰镇西瓜,要不然咱就朋友圈里见哦。

"我去!你又黑我!"我捡起地板上的拖鞋就往他身上丢,结果他闪开了,还顺势将我的拖鞋踢进了厕所。

祝公子绝对是用优惠券兑换来的孩子!

2

广东的夏天又长又热,我脸方不喜扎发,再加上我的橡皮圈总是丢了一个又一个,于是我在小区楼下那间开了一年半仍然没有关门的发廊剪了短发,发廊小哥给我剪了一个他自认为很适合我的发型,还特别满意地夸我十万分可爱。

谁知道当我回到家出现在近视的祝先生面前的时候,他以为我是我的同学,张口就招呼我坐下喝茶,还说祝安应该快回来了。我的脑子里瞬间冒出了三个问号。

"谢谢你,祝安,你总是能在生活里给我们带来无穷多的乐趣。"祝公子抓着我的手,无比深情地说,等我反应过来的时候,祝公子已经笑得东倒西歪了,还冲我比起了剪刀手,"好样的,祝安,你这个发型我起码能笑两天。"

我立马哭丧着脸跟祝先生抱怨:"为什么我会有这样的弟弟?长得又比我丑,还没有我善良。"

"是是是。不过,祝安啊,你这次的发型真的有点过火了,连为父都受到了惊吓。"说完,祝家父子又笑成了一团。

3

祝公子在看美国科幻片的时候我总喜欢去闹他,要不在他身后晃过来晃过去,要不在他的耳边悄悄地说:"你在看小黄片啊?"调侃完了我就自顾自地大笑起来,气得他脸都绿了,有一次他终于忍不住转过头来,黑着脸说:"祝安,你坐下来,我这就找小黄片给你看个够!"吓得我立马逃出了他的房间,从此以后,我再也没敢在他看电影的时间里打扰他,生怕他一气之下真的开始看那些奇奇怪怪的片子,那可就糟糕了。

而到了晚上,我们偶尔也会一家三口其乐融融地坐在客厅里,一边喝茶吃饼干一边看着综艺节目,有时候祝公子忍不住想要放屁,他都会直截了当地轻声说:"我要放屁啦,你们做好准备哦。"

每当这个时候,我都会将视线从电视机上抽离,接着狠狠地瞪了祝公子一眼,然后伸腿踹他一脚,"你放屁就放屁,干吗非得告诉我们,我们并不想知道好吗?"

"我这不是让你们做好心理准备,免得被熏到嘛。"祝公子一脸傻笑。

"你大可以跑去别的地方再把它放出来啊!"

"那你下次憋给我看。"

于是我们竟然奇葩到围绕着一个屁展开了话题,最后还总结出来一个观点,都是因为祝先生做的烤番薯和黄豆猪蹄,还有排骨藕汤太好吃了,但是这些东西吃多了放的屁自然也会变多。

"怪我喽。"祝先生耸肩摊手,表情可爱得就像一个表情包。

生活中纵然有很多的细枝末节,烦琐而不讨喜,但是真正的爱是见过了对方的缺点还是能够与之继续愉快地相处,不是吗?

4

我的皮肤偏黄,祝公子一个大男生的皮肤反而比我的还要好。九月里开学,我们在学校里偶遇了以前的体育老师,他主教足球,常常在大太阳底下晒,可是我还是忍不住要腹黑地开个玩笑说:"祝公子,你看,老师还是一如既往地黑得发亮呢。"

"那也好过你黄得发黑呀。"

我立马一个白眼过去,祝公子笑得更开心了。当我们沿着校道再往前走的时候,我忽然想起了以前我也曾经跟祝公子吐槽过关于我不怎么喜欢的那位光头老师的事情,还说他的光头实在是好晃眼。

然而祝公子却幽幽地说道:"你就别瞎说了,现在天那么阴暗,老师的脑袋怎么可能反光晃到你的眼睛呢。"

话音刚落,前方的光头老师猛然间回过头来,还朝着我们笑了笑,那感觉真是刺激。霎时,一场秋雨落下,行人四处匆忙跑开,我和祝公子跑到行政楼楼下躲雨,没想到光头老师竟然主动地走过来跟我们聊天,而且表现得很nice,甚至还去办公室里取了一把雨伞借给我们。

后来还伞的那一刻,我惊觉自己已经不那么排斥光头老师了。我想啊,是不是别人也和我一样,总在课上因为各方原因而讨厌自己的老师,却在课余时间甚至离校之后才发觉到一个老师的好。

转眼间又到新的开学季,我已经毕业了将近三个月的时间,距离大学报到的日子还有三两天,所以我跟着祝公子来母校里转了一趟。经过礼堂的时候,祝公子忽然问我说:"你知道吗?其实光头老师在我们班上提过你的名字,说前两届有个叫祝安的师姐,作文写得很好,但是她有时候也会瞪老师几眼,甚至跟老师对着干,实际上却也是个有趣又有前途的姑娘,所以我想告诉你们,你们可以不喜欢任课老师，老师也可以理解，但是千万不要因此影响自己的学习，要一直争做一个更棒的人。"

居然被感动到了……我朝着教学楼的方向望去，白色的建筑楼四周生长着青翠的树，它们在一寸一寸地默默长高而难以被我们察觉，像其他一些润物细无声般微妙的东西一样。闷热的空气里包裹着知了的声音，我恰好想起了光头老师的样子，脑袋是光秃秃的，脸上是带着微笑的，微胖，好像还有那么一点儿亲切。

5

学校门口的长街最近新开了一家装潢得很小清新的奶茶店，我便兴奋地拉着祝公子进去，一看这里的菜单也是蛮有意思的，我吃惊而感兴趣地从"海角七号"看到"不能说的秘密"再到"失恋三十三天"，甚至还发现了"花样年华"和"纵横四海"这样的饮品名字。

但是祝公子看了一眼菜单之后觉得一头雾水，于是干脆直截了当地对服务员小姐说："请给我一杯金橘百香果，谢谢。"

我摇摇头，无视了祝公子的毫无情趣，让他自己先找个位子坐下，然后自己再兴致勃勃地又点了一杯"霸王别姬"和部分招牌小吃。

祝公子选了个靠窗的角落，我走过去在他对面坐下来，然后开始跟他说话，"你以后能不能浪漫一点儿别那么直白啊，要不然会追不到女生的好吗？"

祝公子并不想和我探讨这个话题，随口敷衍地"哦"了一声。两秒钟后，我眯着眼睛朝他一个劲儿地坏笑，然后张开问道："难不成你已经有喜欢的姑娘啦？"

"是啊。"祝公子的坦诚着实令我吃惊。

"什么样儿的？"我迫不及待地追问，还特意换了个位置坐到祝公子旁边好让自己听得更加清楚明白一些。

"又关你事儿？"祝公子微微挑眉，随即别扭地望向了车水马龙的落地窗外。

"嘻嘻，你的脑袋终于开窍啦。"我一副孺子可教的表情看着祝公子，然后心满意足地喝了一口深蓝色的饮品，冰凉的，超级酸。

那天晚上回到家里，我开始收拾北上的行李，可是因为心中诸多不舍所以心情越发沉重起来，甚至几度强忍快要落下的眼泪，祝先生一边煮晚饭一边像个妈妈似的叮嘱我带上这个和那个，然而眼尖的祝公子盘腿坐在沙发上，故意将电视机的音量调得很高，却又扯着嗓子大声地喊："祝先生你别说了！祝安都要哭了！"

祝先生怔怔地朝我望过来，然后温柔地笑了。但是我哭了，而且在跑去洗手间大哭之前，我冲上前扯了一把祝公子的耳朵骂他混蛋。

6

秋天里，我在广东最北的城市收到了祝公子寄来的快递，这个十分接地气的快递里有猪肉脯、绿豆饼，甚至还有青橄榄和几个番薯。我将它们做了个简单的归类，能即食的放桌上，还要再料理一番的放地上，随后我给祝公子发了个视频邀请。

"你给我寄了几个生番薯到底什么意思哦？"我开门见山。

"因为寄蒸熟的番薯会坏掉。"祝公子面无表情。

"……"

"祝先生想让你买个锅，自己动手，丰衣足食。"

"还是祝先生想得周到。"

"东西都是我买的好不好？快递也是我寄的。"

"所以呢？"

"夸我。"

"你什么时候变得这么矫情了？"

"祝先生，你女儿没夸我，周末海底捞走起。"祝公子才说完，祝先生就从他身后冒了出来，笑嘻嘻地解释说："刚和祝宸打了个赌，我说你肯定会夸他几句的，要不然这周就请他吃大餐"。

"爸！我也要吃！"

"给你折现成不成?"

"不要。下次再打赌,赢了的话就让祝公子端着一锅火锅来找我吧。"

在这个凉风四起的黄昏,我坐在新学校的寝室里看着祝先生和祝公子满屏幕的笑容,顿觉满满的暖意。世界上的深情有很多种,但是我觉得,亲情算是最细水长流的一种吧。

从你的小时光里打马而过

倩倩猪

这家伙一定有个天大的阴谋

在忘川市的四中,我想我苏柒柒是唯一一个放学后不和同学一起骑着脚踏车说说笑笑回家的人了。不是我不够友爱同学,真的是我没有时间,我很忙,忙着去西街最热闹的菜市场。

每次放学的铃声响起后,我总是第一个冲出教室,再绕个大圈子去教学楼后面的车棚取单车。曾经我一度埋怨过,学校的建筑布局不太完善,干吗非得把车棚安置在最偏僻的角落?

后来吴明浩给我的解释是,学校为了防偷车贼。你总不愿自己的单车被偷吧?

我仔细一想，有道理，忙点头应着："是啊，是啊，绕路是绕路，但单车总归是安全的。"

西街的菜市场在我们放学后的一个小时内总是最忙碌的，几乎所有的上班族都在这个点下了班，一般这些人也不可能去逛早市，便只能匆忙地去扫荡晚市了。

而我的业余作业就是帮着老妈吆喝着卖菜收下人民币，所以我和同年龄的其他女孩子是不一样的，我没办法在花季青春期去享受那种轰轰烈烈的恋爱，以及回家看看动漫或者少女杂志作为消遣。

可有一个人算是我苦闷人生的例外，他叫唐嘉新，是我们班篮球队的队长，他的父母是公务员，就单纯地看这身份，我们就是两条不能相交的直线。

至于我什么时候开始的这段朦胧情愫，自己也说不清楚，可能是第一次在讲台上看到那么自信的男生，可能是他在篮球场第一次投进篮筐的漂亮动作，也可能是因为他经常和夏苏苏一起放学回家吧。

而夏苏苏算是所有女生中优秀的典型例子，爱屋及乌，我便注意到了这个优秀的男生。

今天吴明浩照常来菜市场替家里买菜，言之是为家里做做家务，为此吴妈妈没有少表扬这个家伙，鬼知道他心里打的什么如意算盘？

之所以怀疑他有不轨意图，是因为吴明浩和我是邻居，我们从小一起长大的，他什么性格什么人，我比谁都清楚。他以前从不这样，每次连吃饭都恨不得吴妈妈端到他床前喂他，试问这样的家伙怎么可能主动提出上菜市场呢？

并且最近他也对我大献殷勤，让我一直觉得浑身不自在，女生的第六感告诉我，吴明浩这家伙一定有个天大的阴谋。

嗯，我自顾自地点着头，心里笃定着自己的想法，嘴上哼着同桌经常唱的歌，记不得歌词，就只能哼个调调出来。

让我怎么也想不到的是，吴明浩的后面跟着唐嘉新，那个在学校让我不安，此时让我觉得难堪想逃离的男孩子，他对我招手，"嗨，苏柒柒，你也在啊？"

"嗯……"我小声地应着，心里早已把吴明浩这个丧尽天良的家伙骂得天昏地暗，手里因不安而握紧的洋葱也惨遭我的毒手。

谁能告诉我，今天是不是我的霉运日？为什么菜烂了，我的心跳也会加速？

每个字都像钢琴上的黑白键

第二天早上，我像个没睡好觉的熊猫，一脸病态地骑着单车拐出西街的巷子，好死不死地又碰见吴明浩站在他家门口，吴妈妈帮他把单车从客厅取出来。

勉强地给吴妈妈挤了个难看的笑容之后,我不屑地对吴明浩撇了撇嘴,独自扬长而去。过了几分钟,身后传来吴明浩的声音,刺耳地响亮,他说:"苏柒柒你怎么了?自从昨天你看到唐嘉新后,脸色就一直很难看,你是不是讨厌他啊?那我替你教训下他如何?"

一路上,我一直缄默着,任凭吴明浩胡扯八道说东说西,硬是没理他,我害怕一开口后果不堪设想。我从来不知道原来缘分一词可以发挥得如此淋漓尽致,在车棚锁单车的时候,我看见了唐嘉新和夏苏苏一起走了出来,想必也是一起来学校的吧。

突然心里就泛起了酸酸的泡沫,从胃里翻山倒海地直涌上心头,然后我转过头对后面喋喋不休跟着我的吴明浩吼了一句现在想想还觉得后悔的话,我说:"吴明浩,你和唐嘉新比,我还是讨厌你比较多一些。"

吴明浩愣在原地半天没再说一句话,我只听到夏苏苏细微的笑声,然后我瞄向唐嘉新的方向,他脸微红,拍了拍夏苏苏的头示意她不准再笑。

心里的小小自卑就像大白天被强行移到放大镜下,我突然觉得无地自容。一个女孩子在充满自卑的时候就算是对某一个男孩心存好感,那也像见不得光的胶卷一样,要独自一个人慢慢去品味,然后把它细细收藏。

整个上午我都趴在桌子上发呆,老师提问我都不知道,最后是唐嘉新替我解了围,他说:"苏柒柒今天家里有点事。"

　　我后来还纳闷,昨天不是他第一次见到我的家人吗?这理由会不会太牵强,就算我家里有事也该吴明浩先知道吧。

　　课后,我望着吴明浩的位置,才发现他自从早上车棚一别后就不见踪影了,这家伙就算怄气也不该不来上课吧。

　　下午是我们七班和夏苏苏所在班级四班的篮球对抗赛,我和所有的小女生一样站在场外大呼"唐嘉新加油",只是唐嘉新三个字我发声很小,我是害怕叫出这三个字时的感觉的。

　　每个字都像钢琴上的黑白键,缓缓奏出好听的旋律,字字动情,像是在念一封情书,同时也担心一不留神会泄露心中的秘密。

　　每当对方队员要进球的时候,我们班的女生会很默契地一起喊,友谊第一,比赛第二。不知道是否是心理作用,对方的球在这种情况下总是很难投进的,我的眼神很自然地瞄到对方的啦啦队群里,夏苏苏不喊谁加油,只是很腼腆地在笑。我便喊得更起劲儿了,这或许是我比夏苏苏有的唯一一个优点,不够含蓄,张扬自我。

　　男孩不一定会喜欢我这样的女生,当然对我而言像传奇一样存在的唐嘉新也不一定会喜欢。可我在有唐嘉新的地方却总是忍不住想要表现,或者换个词来形容,哗众取宠，不知道他能否注意到有一个女孩叫苏柒柒，她和其他人是不一样的。

比赛结果，我们班大获全胜，唐嘉新再次成为人群里的焦点，我站在一旁微笑，像看一场不曾听闻的传奇。

冷 战 时 期

找到吴明浩的时候，天色已经渐渐暗了下来，天气预报说今天没有雨，我看纯属胡说八道。学校操场后面的桂花树下，我看着吴明浩蜷缩成一团的样子忍不住想笑，这么一个平日里嚣张到不行的男生他也会难过？

我上前站在吴明浩的面前，随手扔了瓶可乐过去，哀怨地道，"吴大帅哥，你这是哪根筋不对独自在这玩深沉啊？这可乐可是花了你姐姐我一天的零花钱给你买的，你就知足一下吧。"

"苏柒柒，你不会是喜欢唐嘉新吧？"吴明浩突然抬起头就是这么一个问句，又刚好和我的心意那么吻合，你说我幼小的心脏能接受这样的讯息吗？和所有被猜中心事的女生一样，我的第一反应是否定，以免对方的进一步怀疑。

我想了想，指着吴明浩说："喂，我说我喜不喜欢唐嘉新好像和你没有半毛钱的关系吧。"

"是没有关系，但作为多年的邻居，我关心你一下也很合情合理的吧。"吴明浩站了起来，推着一旁的单车走在前面。

桂花的香气淡淡地弥漫在空气里，我轻轻地嗅了嗅，香中略有一点点的酸味，我推着单车加快了步伐跟上吴明浩，"喂，你今天该不是吃醋了吧？"

"没有啦，我只是觉得你喜欢唐嘉新，那肯定就是一悲剧。"吴明浩没有抬头看我，以至于我那时候没有注意到他的表情是紧张羞涩的，这些画面我只能靠自己后来明白了一些事情以后去想象。

我喜欢唐嘉新是一悲剧，这是个事实，可那时的我不愿意去承认。我怒气冲天地朝吴明浩吼道，"悲不悲剧又不是你能决定的，再说我也没说你吃我的醋啊，我只是以为你是喜欢夏苏苏的。"

"夏苏苏，你在开国际玩笑吗？"

"对，我就喜欢开国际玩笑。"

当天，我和吴明浩不欢而散了。我气鼓鼓地回家后，老妈说有我的电话，我接起来后发现是个陌生的男声，他在电话里说："苏柒柒吗？我是唐嘉新，明天我们班的人都会来我们家小院举行一场乒乓球赛，你要来吗？"

"嗯，最近学习蛮紧的，我看情况吧。"我吓了一跳，唐嘉新怎么会打电话给我呢？让吴明浩通知一下我不就可以了吗，然后我想起来我和吴明浩现在是冷战时期。

"希望你会来。"唐嘉新在电话里说这话的时候，我的心完全乱了节拍，我们之间的距离是菜市场与市政府之间的距离。

我曾认真地算过，如果骑单车的话，我们相距半个小时的车程；如果步行的话，我们相距105240步；如果是心的距离的话，大概得用光年来计算了。这个算术太复杂，我这个数学白痴算不了。

别乱碰男生的脑袋

午后的阳光暖洋洋地洒在唐嘉新家外的小院里，我们一群参加比赛的小伙伴今天中午通通受邀在唐嘉新家吃午饭，当然，吴明浩和夏苏苏都在其中，还有几个我们班唐嘉新要好的男生，比如说秦轮、张然、王奇等。

唐嘉新的家比我想象得要大，要华丽，原以为吴明浩家的一百二十平方米的房子就算是富人了，没想到还有更夸张的。当然，这也在无形中拉远了我们之间的距离。

我和吴明浩的冷战依旧持续，在唐嘉新家里都已经待了两个小时，他也没和我说一句话，倒是和夏苏苏在餐桌上有说有笑的。

切，不和我说话拉倒，我才不稀罕呢。我一个人在院子里蹲着发牢骚，其他人都在忙着布置比赛场地，夏苏苏突然走过来递给我一盒冰淇淋，笑眯眯地问："怎么一个人无精打采的？"

"啊，没有。"我惊讶地应了声，眼神却不自主地去瞄吴明浩的方向，他一边笑嘻嘻地搬桌子一边眼神掠过我对着夏苏苏傻笑，我气结，这家伙还真重色轻友。

夏苏苏回笑了一下，和我说那玩得开心，然后回客厅拿着手绢去帮唐嘉新擦汗。唐嘉新很客气回避的小动作还是被我捕捉到了，说实话，我心里有着小小的窃喜。

可吴明浩真的是很扫兴地再次出现在我的视野内，死皮赖脸地要夏苏苏也帮他擦擦汗，搞得在场的秦轮、张然、王奇纷纷大笑，张然半开玩笑地说："吴明浩啊，你小子是不是喜欢人家夏苏苏啊？"

秦轮接着打岔，"那可不行啊，人家夏苏苏和唐嘉新可是青梅竹马来着，你要懂得先来后到。"

唐嘉新正准备开口，吴明浩接了话茬，"嗯，朋友之妻不可欺的，那唐少爷，今天开始我打算追夏苏苏同学，你有意见吗？"

"当然……没有。"唐嘉新窘得脸有点微红，都是一些开玩笑的话，他可能没有想到吴明浩这家伙竟来真的。我上前习惯性地拍了拍吴明浩的头，笑得很夸张，"喂，你上次不说要追隔壁班的班花吗？干吗开人家夏苏苏的玩笑。"

要是以前，吴明浩一定会生气得追着我满院子地跑，大喊苏柒柒你竟然色胆包天碰我脑袋，看我不代表你老妈消灭你。

那么我就成功地转移了刚才那个尴尬的话题，只是这次吴明浩没有配合我的玩笑，一脸严肃地说："我刚是认真的，还有苏柒柒，以后记住作为一个女孩子，别乱碰男生的脑袋。"

所有的人都呆掉了，我也愣住了，独自一个人跑出了唐嘉新的家，还是第一次被别人以那样严肃的语调批评呢。那时我就在想，吴明浩，我们之间的友情结束了，我讨厌你，再也不想见到你，至于后来那场乒乓球赛有没有继续我就不得而知了。

而我因为吴明浩哭了一次的事我想他大概不会知道，他之后也没有找我说过话，更没有任何道歉或者解释。反而和夏苏苏谈起了云淡风轻的恋爱，知道的人不多，但最后还是被人告到了教务处，吴明浩因多次劝说不改在初二下学期被开除，接着也搬了家。

从此，我便失去了关于吴明浩的任何消息。

再见，小时光

初三的日子对于我来说异常难熬，在班上再也找不到吴明浩的影子，生活变得单调乏味。而因为学习很紧的缘故，老妈也不让我去菜市场帮忙了，我最喜欢的唐嘉新是班上的第一名，我却紧跟在他后面成为第二。

这种感觉很糟糕，我不希望成为唐嘉新的竞争对手，可我又必须努力地超过他，否则怎么对得起家里如此辛苦的老妈？

我天天拿着书本，除了睡觉上厕所吃饭以外，基本属于书不离手的状态。唐嘉新曾多次劝我，该休息的时候还是多休息，免得把身子累垮了。

很善意的关心，当时的我已经没有办法去感动了，我心里想的只是可以考上市重点高中。于是我艰难地开口，"唐嘉新，你现在是我的对手，你让我如何敢掉以轻心？"

唐嘉新那时流露出不可置信的表情，我看到他握紧的拳头，接着狠狠地捶在了墙上，弥留下一片淡淡的血记。第一次，我看到唐嘉新的眼泪，一直到他离开后，我心里都在隐隐作痛。

很多年以后，再回想起那天的情形时，我突然明白了唐嘉新的痛楚以及无奈。对不起，我心里最美好的传奇，我用了最残忍的方法去伤害你。

中考前一个星期六的中午，唐嘉新在图书馆找到了我，他说："苏柒柒，你不要那么拼命了，我愿意把我的保送名额让给你，我已经和我爸爸商量过了。"

"唐嘉新，我才不稀罕你把保送名额让给我，我那么努力，只是希望可以靠自己获得成功。而不是像你一样，你家有钱有势，何必如此委曲求全于我。"我说了一大堆话，只是想让唐嘉新可以快点生气快点离开，我的自尊不允许我接受他的施舍。

没有想到的是,我的骄傲我的坚强深深地伤害了这个从小未经风雨的少年,他的家庭与他的真心通通被我践踏。

那天,天气一定不够晴朗,所以我哭了。

唐嘉新,那个我在小时光里遇见的少年,他就像我今生的物语,用一个微笑照亮了我人生的最初。可对不起,那时的我因为失去吴明浩这场盛大的友谊,所以忽略了你当时的心情。

再见,小时光;再见,吴明浩;再见,唐嘉新。

没有公主命,别犯公主病

天黑黑

1

小智回短信说,他现在一个人在车里面听雨声。每次下雨时,他的心也跟着潮湿起来,像沤了水的画布。

说得诗情画意的。

他太知道如何取悦女生了,知道大部分女生就算没有公主命,也要犯公主病。仿佛每个人生下来就是为了来吻醒那个受苦受难的青蛙王子。而青蛙王子还有个漂亮的名字——

小智。

当然他的网名不叫小智,叫黑黑天,说是命中注定要遇到我。那是不是我要叫屎壳郎子,他注定就得叫滚粪球？

小智是我认识的所有男孩子中声腺最悠扬，声音最完美的一个。更何况据说还有张帅瞎半个地球的脸。

"你说我该怎么办？"

"发生了什么事？有什么我可以帮你的？"

"谁都帮不了我。"

短信刚过来，小智就打来电话。声音低沉，似有哭音。

我压抑着"再跟老子废话，老子期末就要挂了"的心情，问："能说给我听吗？"

小智是我在网上认识的网友。没错，网友。当其他女生在查找附近的人，陌陌上问约不约时，我竟然在网上埋头聊天。

我并不觉得自己有多low。英雄草莽，人各有志。

2

在他扒拉扒拉他那阴郁得像亚马孙雨季的心情时，我突然间就很想说，亲，你要不要打飞机来喝个下午茶。

我承认我太不走心了。

你说你光告诉我，你是如何如何帅，如何如何吴彦祖，那叫你发张照片来看看你就搬出一万条理由！你发张照片会死啊，PS一下吴彦祖会死啊！

差评！就算好评返现满百送，也必须好评后追加差评！

当然，这些都是在我得知他就是一江湖小骗子后。

在这之前，我确实有那么一瞬间，还真以为总裁王爷高富帅，遍地桃花玛丽苏。

而且还是一个比我小两岁的小鲜肉。

我并不觉得自己可耻，没有老牛会嫌草嫩的吧！

"我不能说，怕说了后你会瞧不起我。"

瞧不起他？我已经瞧不起他了好吗？还真有自知之明。

不过，像他这种表演型人格，不去剧组领个盒饭都会觉得可惜的人，要知道我一面做着数学卷子，一面把电话开成了免提，估计要玻璃心而亡了。

"我永远不会瞧不起你。"

我敷衍着他，用眼神询问住在上铺的亮晶晶同学，那数学师太真的不是因为我们长得太漂亮，才要赶尽杀绝？

"如果你知道真相后，还愿意把我当朋友吗？"要不是为了报他之前把我当猴耍的仇，我早就直接告诉他，要说说，不说滚！废什么话！

我说是，不管发生什么事，你都是我的小智。我强忍着把隔夜饭吐出来的冲动。

完蛋了，又一道题做错了！

亮晶晶同学笑得贼死，简直就是赤裸裸地嘲笑我自作孽不可活。

3

自从他上次向我借钱，我拒绝后他便消失得一干二净时，我便认清了他的真面目。

一个在网上靠甜言蜜语哄女孩子上当的小骗子。

当网络上肆意横行着一些聊天终结者时，像小智这种春花秋月何时了的奇异果，一下子变得弥足珍贵起来。

可就算你再珍贵，你张口和一个在校女生借钱，我也一下子就看出你猕猴桃的本质！就像你说生耗吃起来没有海蛎子味，赤贝不是大个毛蚬子一样。

我就呵呵了。你是在逗我吗？

好吧，言归正传。

反正在他跟我借钱，突然断了联系后，又哪根神经搭错地联系上我。

骗子的脑回路不是我等区区凡人所能理解的。

也许，他终于发现其实我是一支潜力股，又或者认定了我是那种和熟人凑钱然后借给陌生人的傻蛋？

管他的！我只要捂紧自己的钱包，就算你手伸得再长，我也照样把你剁成八爪鱼！

他问我女孩子对自己的初吻是不是看得很重要。

初吻？我刚生下来就被我爸亲了算不算？还有四岁时

被邻居小伙伴强吻了，我现在可以去告他吗？

他到底想干what？！

见我没反应，他也开始不出声。我们不约而同地变成了沉默的羔羊。

估计他在营造气氛，而我在横扒拉竖挡亮晶晶同学不劳而获的可耻行径。你说我都这样了，你不问候一下我那颤抖得想要发狂的小心灵，还好意思一目十行地抄我的数学卷子！

时间一分一秒地过去，他这是在搞什么扑棱蛾子？又没旁白啥的，内心戏不是这样演的啊！

我快耗不下去的时候，他终于又说话了。

4

他说我不知道怎么会这样，我真的不知道，我……

至此，我终于明白了贱人就是矫情说的就是他这种人。

你说你又不是胡歌，我们又没有组团泡你的冲动，你在那儿叽叽歪歪、欲说还休的，有劲吗你！

"虽然我不是女孩子，可是我对自己的初吻也看得很重要。"哎，我去！绕了这么久，绕得我肠子都快痉挛了，我终于知道了事情的真相！

对不起，请原谅我笑场了。

虽然我也不是个随便的人,可问题是你现在是十八岁,而不是八岁,至于一个初吻就要上吊自杀人肉炸弹吗?

事后亮晶晶问我,你相信他说的鬼话吗?我说这种问题还需要问吗!智商和你一样,都被狗吃了!

"我的初吻竟然给了一个陌生人,我到现在都不相信这是真的,我该怎么办?"

怎么办?难道还有比凉拌更好的吃法吗?

对不起again,我怎么能把这么严肃的问题和吃联系在一起呢?不过,他的骗术还真是帅出宇宙新高度!

"考完试后同学拖我去喝酒,他们把我灌醉了,当时还有一群乱七八糟的人,有个女生就跑过来说喜欢我……"

等一下等一下,就是被一女生给袭胸了,顺带还夺走了他的初吻,就至于这么哭鼻子抹泪的,不知道的人还以为他被……

"怎么办?我回家后就一直洗,一直洗,洗到嘴唇出血,可还是不行,我感觉自己被玷污了……"

本来抄数学卷抄得欢欣鼓舞的亮晶晶同学,在听到玷污两个字时,瞬间笑出两管宽面条泪。估计她也很想让别人来"玷污"她一下。

"可是,我的初吻是留给我最爱的人,那个人——"
Cut!Cut!Cut!

我已经把手放在了挂断键上,这下半学期,还让不让我在食堂能好好吃顿饭了!

亮晶晶眼疾手快,及时制止了我这种不利于共建和谐社会的行为,用口形告诉我:"你就让他说出来,不就是想把初吻留给你吗?"

留什么留!

我连他是人是鬼都不知道,还初吻,少恶心我能少块肉啊!

5

通过他声泪俱下的一番动情描述,我基本上明白了他的大概"遭遇"。

也就是说,他在一次非主观人为性的不由自主的情况下,发生了一起不该发生的意外,而且这次意外给他的身心带来了巨大的伤害,甚至已经影响到了他正常学习和生活。

挂了电话。我在想他这次的目的是什么呢?

如果是骗钱,大可以像上次那样说自己想提前创业向我借钱,何苦要编这样一个没营养的故事。

亮晶晶说这你就不懂了,他编故事自有他编故事的道理,只要你坚信自己是个冷血动物,不会因为癞蛤蟆伪装成青蛙王子,就心神大乱不就得了。

也是。不过,她这是在夸我还是损我?

喂……电话里仍是低沉而哽咽的声音。
我说你贵姓啊?
别逗了,宝宝。
我说那你叫什么啊?
他略迟疑了一下,说怎么了,别开玩笑了,我是小智啊。
我说原来你叫小智啊。
我当然叫小智啊,要不然叫什么?
我说不管你叫杨大智,还是杨什么智,又或者什么金刚葫芦娃,反正就是不能叫杨小智!
怎么这么说?他在电话那头尴尬地笑。
我说你给我打电话的座机根本不是你说的交通大学,而是××房屋中介。
你怎么知道?
我说我查了114。不光查了你们学校,还顺便查了你们家电话。我觉得下次周星星完全可以找我拍大内密探啊。
哦,忘了说那个房屋中介是我们学校下属产业。
我说原来学校还有第二副业,卖房子啊。
我真的没骗你,从在网上和你说的第一句话到现在,我发誓我从没骗过你!

小智，小智，很好听的名字。你说你怎么就想到起这样一个名字。

这有什么奇怪的，名字是父母给起的。

明知道他连名字都是假的，可现实哐唧一声砸你脸上时，你还是想抽他两个大嘴巴子！

你找哪位？杨小智？我们这儿没这个人。你打错了。

谁？杨小智？不是说了吗，我们这儿没这个人！

他杨小智千算万算，没想到我会在未接电话一个小时后又回拨了过去。

事实教育我们，当你脸上写了骗子两个字时，用一个手机号就完全OK了，别没事整那么多座机给自己添堵。

冬天前的碎片

无　赖

林宵引

1

林贞凡真是个无赖。

那会儿学生都从家里带饭来，一起放在饭堂热，林贞凡顺手就把刻了江术名字的饭盒拿走了。江术穿着一件黑色的高领毛衣，梳着十分利落的中分，深深的眉眼在牛奶肤色下看得醉人，偏生眼神还带着几分凛冽，仿佛身边所有人事都不关己。

等到人都散了，立在角落里的林贞凡才向江术招招手："喂。"

江术一眼看见的不是林贞凡，而是她手里的饭盒："拿来。"

林贞凡抬起头,后退一步,把饭盒藏身后:"先把你家电话号码给我!"

给别人自己家的电话号码,这应当是一件慎重的事。江术想了想,说:"我家没电话。"

"那把你家地址给我,我给你写信。"

江术看定她,第一次露出冷漠以外的表情,似笑非笑的,突然把林贞凡逼到墙角。低头凑近她,在她耳边嗤笑一声:"无赖。"顺手就把盒饭抢到手里,啧了一声:"饭都凉了。"

2

听说某人一旦开始出现在你的生命中,之后便中了咒,你总能频繁见到那个人的身影。尤其是,当你碰上了无赖。

"林贞凡!英语作业什么时候才能收齐?你又拖!我是脑子坏了才让你当课代表……"年过半百的英文老师抬了抬金丝镜框,原本晒着太阳的身子一下就转过来,站在走廊上厉声横眉。

林贞凡抱着一摞抄写本,纯色的连衣裙,眉眼弯成一道桥,蹦蹦跳跳地经过英语老师,笑嘻嘻地回了句:"报告老师!我以后绝对不拖!"声音渐渐远了,一闪身就先进了办公室。老师没说完的话突然就咽回去了,看着她消失的背影，莫名地消了气。

她在办公室和其他老师打了招呼，问出月考的大致情况，吹着清脆的口哨走出来。正碰见江术靠在走廊边上，身旁是三两同学。她凑上去，佯装耳语，声音却不小："听说你这回失蹄了。"身旁哥们儿看江术的表情瞬间变得微妙。

一句"关你屁事"还是咽下去了，江术一脸冷淡地回应："林贞凡。"

"干吗？"

"你真烦。"

林贞凡看小说的时候，那些男主角虽然说着这样的话，但眼睛里都藏着些狡黠的笑意。林贞凡认真看了半天，他眼睛里什么也没有啊。

江术则开始发现，这个小姑娘简直就像狗皮膏药，见缝插针般出现在他现在拥有的每个瞬间。

3

打照面的情况经常有，但林贞凡站定在他面前时，是荷花节的前一天。无垠的荷花池可以说是小城悠久的地标。每逢盛夏都会举办声势浩大的荷花节，招商引资，并宣扬自古传承的中华文化。

林贞凡手里举着一个新鲜的莲蓬，缀着大颗的莲子，递给江术:"我逃课去摘的,给你。"江术哭笑不得,逃课还这么理直气壮?

林贞凡斟酌半天:"听说明天荷花节,我们学校会有代表去表演节目。"江术点头。林贞凡又问:"那明天你们学生会的忙吗?"江术摇头。

"那你明天就没事啦?能不能……"

江术打断她:"不能。我得准备早餐。"林贞凡心想,大概是替学生会同学做后勤,便自告奋勇:"要几份?"

"一份就行。但是凌晨四点钟就要。"

"那包在我身上!但是你得答应陪我去看花。"

生在荷花的故乡,花还看不够?江术白了她一眼,随意应了声。

4

让林贞凡心凉的是,江术接到三明治的下一刻,就转手递给了一旁穿着白色汉服的李念欢——姿态慵懒地坐在古筝边弹奏的李念欢。

原来要表演节目的就是她啊,听说和江术是学生会的金童玉女。是很美呢,白衣胜雪,一曲古音引人入胜。男生都会喜欢她吧?但不知怎么回事,肚子里一股闷气。

回想起凌晨三点,天黑得透透的,早餐店门户紧闭,林贞凡只好爬起来自己煎蛋烤吐司片。煎蛋实在难搞，对于一个厨房杀手来说。她煎焦了三个蛋，自己全吃了。滚烫的油多次溅到手背，也都来不及找芦荟胶抹。世上就是有这样的事情，你费尽心思做出来的东西，别人随手就赠予他人。但也是她自己要求帮忙做的。自找的。

李念欢表演结束，江术才找到林贞凡。江术等了李念欢多久，林贞凡就等了他多久。

"走吧，去看花。"江术身边站着李念欢，近看她的表演妆容真浓。林贞凡一声不吭地走在前头，全没了往常的活力。

去的是一处清代遗址，旧白墙圈住了一个家族的兴衰，往外是一池荷花，开得圆满，却并未红得热烈，都是极淡的粉白色，和林贞凡的心境一般。

李念欢有些不满："这边的荷花开得不算好，没意思，回去吧。"林贞凡心里原本就堵着，从这句话开始有了宣泄口："只有大红大艳的荷花才算美，就太俗气了吧。"

噎得李念欢说不出话。江术看着林贞凡，忽然失笑。但其实，人各有好，林贞凡却给忘记了，你爱热烈的花色，我爱寡淡的清气，何来高下之分。喜欢一个人，也是一样的。

5

无赖突然变得没那么无赖了。江术有点意外，偶尔也会觉得无趣。不过最近学生会纳新工作比较重，很快便能转移注意力。更让他意外的是，差不多一周没有好好见个面的林贞凡，竟然来参加面试了。

她成绩向来优异，笔试顺利过关。不巧的是，李念欢是她的面试官。

江术坐在一旁，心不在焉地听学弟吹牛皮，眼风却不时往林贞凡那边扫。李念欢竟然十分温和，把新人杀得片甲不留的惯例也没用上。

林贞凡很快就在学生会打酱油了。哦，那叫从基层做起。学校最近严整风纪，学生会干部轮流执勤，早晚自习时间都要巡逻，抓迟到、早退和玩手机的。

李念欢语重心长地嘱咐林贞凡："贞凡，你是新人，要勤恳一些，老师才会看重你的。"

于是原本隔两天才要值一次勤的林贞凡，每天都要牺牲自己一部分自习时间，去巡逻。李念欢说得也有道理，想被老师看重，和江术站上一样的高度，就要比别人更努力啊。林贞凡心想，其实李念欢学姐人还挺好的。每天都执勤，就有和江术并肩的时候了。

这天，林贞凡不顾老师脸色难看，请了假就去找江术巡逻了。倒是江术有些愣住：“还真是为了学生会工作，书都不读了啊。”

"我哪有？"

"听说你们班今晚讲那套很重要的考卷。"

林贞凡不答话了，江术也没多问，两个人一路走到小广场。这大概是校园里最浪漫的地方，总是能招来许多萤火虫，微弱的光像星光忽闪，恋人的眉目间就留下了永恒的瞬间。

走在前头的林贞凡忽然急刹车，背过身来，正撞到江术胸膛。江术愣住了，疑惑地看去，哦，有对小情侣。他赶紧出声喊道："同学，约会换个地儿，这里不让的。"

小情侣一溜烟儿跑没影了，林贞凡结结巴巴地抬头看江术，半天憋出一句："你怎么能把人家……"

"赶走？"江术挑眉，"我们这是在工作。"

林贞凡恍惚了一下，江术的话仿佛是耳旁风，她只顾看进他的眼睛。和从前一样的眼神，脸红心跳的只有自己而已啊。林贞凡懊恼地先走了。

江术离她渐渐地远了，在后头慢慢地走。在她看不见的地方，手掌轻轻放在自己的胸膛上。

怦怦，怦怦。

刚才那一下撞击，好像让他猛然间窥见光年之外，行星热烈相撞的光芒。也是忽然间，江术明白了，为什么古板苛刻的隔壁班英语老师，会总是对这个小姑娘宽容。

6

　　转眼间，距离林贞凡进学生会打杂已经有小半年了，工作努力，学习也尽量不落下，一切都有条不紊地进行。唯独江术，像是水火不进的一堵墙，让林贞凡止步其外，心又痒痒。

　　李念欢学姐学业更紧了，而且有一份兼职要忙，便从学生会退出，说是要把表现的机会留给学弟妹。林贞凡正好就是这学弟妹中的一员，她的努力老师一直看在眼里，便顺理成章地被推荐顶替李念欢的职务。

　　当初李念欢学姐在职时把工作都推给林贞凡，她有多轻松，大家都看得清楚。除了林贞凡这个傻瓜。江术看着比从前更加忙碌奔走于工作和学习之间的林贞凡，叹了口气："林贞凡这个傻子。"

　　可她偏偏就像一颗活跃的小星球，热情烧不完。这样的人其实挺好的，一旦喜欢上一个人，会把对方长长久久地烙在心里吧？江术承认，其实自己特别自私。

7

　　年末将至，学校组织了元旦晚会。文艺部必然冲在最前。林贞凡就这样领着学弟妹们冲在晚会准备的最前线，像旋转的陀螺,终于等到休息的间隙,还得写完一张地理卷。

江术也尽自己全力帮她,尽管不在同一个部门,却一个人使出好几个人的才智计谋。好像也没什么别的能帮了。

林贞凡那段时间骚扰了好些个远方亲戚家的设计系哥哥姐姐,请教好的创意,再一个一个和江术商量着可行性。谈起工作的林贞凡认真严肃得简直像一尊雕像。江术总是别过脸去,偷偷笑一会儿,回过头便被林贞凡怒视。

这样的时光结束在晚会那天。元旦晚会史无前例地顺利,听说好些个出名的学霸都被同学鼓动,走出教室,欢聚晚会。要说有什么不太完美的,就是尾声后没多久便突然停电了。雷雨也是那时忽然落下来的。

收场的工作人员比较辛苦,但校方十分肯定学生会这次的努力。所有的事物看起来都没什么差错。

8

江术忘记自己是什么时候看见林贞凡的了,晚会结束后便没见她身影。他去小卖部买了杯热粥,这么冷的天,小姑娘忙前忙后一定冻坏了。打着的旧伞是向小卖部老板借的。万一她淋雨了呢?

突然伞被人一下撞翻,落在地上,热粥也洒了,一下泼到了对面人的身上。那人一下子就哭了。借着昏暗的路灯,江术看清了,是林贞凡,被冬夜的冷雨淋湿。她眼睛肿得不行,红得像一只委屈至极的小兔子。

"怎么了?"江术出口的话突然也有些哽咽,边拿冰凉的矿泉水倒在她手背,给她消肿。

"疼。"

"那怎么哭了这么久?"

她避而不谈,只问他:"能陪我去游乐场吗?当作是送我的礼物。"

平白无故要什么礼物,女孩子真是闹腾。江术皱眉:"到底怎么了?"

"去坐摩天轮,好吗?"

他心里没来由地一惊,脱口而出,不去。

她甩开他的手,他就看着她在雨里跑掉。

9

第二天,没见到林贞凡的身影。哪里都找不到。他也不好去问她的班主任,也不好去问她的同学。他突然意识到自己处在一个十分尴尬的位置。全年级的人都知道林贞凡喜欢他,他多问任何一句,都是一种无形的回应。

他去学生会交材料,脚步突然顿在门口。

李念欢正在和一个学妹交谈:"谢谢你们上次给我办

的生日会,很久没有过这样的惊喜了!学生会真是个温暖的小窝啊,要离开了好舍不得!"

"没事啦,学姐以前那么照顾我,工作都给林贞凡做了,我真的特别感激学姐,不然我怎么保持成绩呀!"

"别这么说,贞凡现在不是当上部长了吗,她当初那么努力也是应该的。"

江术把资料攥紧,往回走。对于她们的聊天,他一点儿都不意外,他在意的是其他事情。他一路飞奔到林贞凡的班级,拎起林贞凡的同桌:"你知道贞凡的生日是几号吗?"

"不就是昨天嘛!你不知道?对了,贞凡好像转学了……"

"她就这样撂下文艺部的工作,转学了?"

"嗐,不是有个女生随时替代她的位置吗?"

江术脑子里突然一片空白,男生的嗤笑声无限地放大,贯穿双耳。为这些人担下重任的林贞凡,被这些人忘在脑后的林贞凡。

喜欢着他的林贞凡,就这样被人踩在脚下,抛在脑后头。而他,也没有拉她一把。江术忽然想起她第一次来找他的那天。

怎么就没把电话给她呢?她万一想找我了,怎么办啊。

10

距离林贞凡离开,已经好几个月了。老师们都没有她的消息。真奇怪啊。江术趴在桌上,闭上眼,忽然做了一个很长的梦。

两颗行星在浩瀚的宇宙中,就那样轰然撞击,但整个世界都是静音,只能看到光芒一下盖过了黑暗无边的视线,处处都是绮丽的光。

怦怦,怦怦。心跳一下比一下激烈,那些四溅的火光和心跳一般,毫无章法。林贞凡,我好想你啊。

11

"儿子啊,你终于退烧了。"

江术睁眼的一瞬,嗓子哑得没办法,只好停下发音,听医生和爸爸交谈。

"你儿子真是命大,烧那么高还忍,这肺炎要是没及时治好,青春年少就白白没了。"

"他之前精神方面出了些问题,大概是意识不到自己发烧了,晕倒才送来治疗。"

江术闻言,差点脱口而出"你才有病"。想了想,是自己亲爹,算了。

出院休养了几天,他觉得状态还行,把书都装进背包,却被爸爸叫住了。

"儿子啊,转学手续都给你办好了,这段时间你放松放松,玩得开心点。"

江术皱眉:"怎么突然……"

爷爷拄着拐杖从门外进来了,手里举着一沓报纸。爸爸把爷爷的报纸都拿下来搁在桌上,把他扶进屋里:"爸,都说了,等送报的自己来嘛,不用您亲自去拿。"

爷爷瞥了他一眼:"送报的不知怎么回事,好几个月没来了。"

"那是因为我退订了!"爸爸说完,看了江术一眼,扶着爷爷进房间说话去了,顺便交代江术照看炉子上炖的肉。江术等他们进去,先收拾桌上的报纸。处女座就是这样,不把屋子收拾利落,心里不舒服。

是几个月前的报纸,置顶的文章配图很美,是小城唯一的摩天轮。

文字却触目惊心。江术碰到报纸的指尖都冰凉,难以置信,像是在看一个很遥远的故事。

故事里,一个姓林的女生,在大雨的那个夜晚,和喜欢的人一起到了摩天轮底下。她喜欢的人很怯懦,有惧高症。但她太想坐一次,透过高空的玻璃窗,看缓缓流动的夜景。她很安心,因为心上人就在地面上,等着她降落。

报纸一旁还有记者写的"阴谋论"。据说林姓女生的同校李学姐就在游乐场打工,那天工作人员察觉到了摩天轮的故障,却仍旧让它启动了。因为大雨,又值深夜,只有林姓女生一位游客在上面。

江术的体温一寸一寸地流失,不可置信地反复看着那则报道。她果真降落了。她的生命止于那个灯光流动的元旦夜。

12

"江术!快上来!"

"不行,我真的恐高,有一次爬到山顶,俯瞰的时候就晕过去了。"语罢,捂住自己心口。

另一只手,轻轻握着林贞凡的,而他即将和她告别。

"陪我呗,就这一次好不好?"

"你真烦。"这回眼睛里,是确确实实的笑意。他就看着她无奈又稍许雀跃地,独自坐上了摩天轮。没事啊,我在这里等你呢,我又不会跑掉,是吧?

李念欢突然路过他身后,笑得楚楚动人:"江术,元旦快乐啊。"江术没回头,只顾着往高处看:"嗯,元旦快乐。"

他的小姑娘,为很多人付出,又被很多人遗忘,怀揣着美好的心愿,正一点一点向高空前进,一点一点地接近无垠的夜空,真美。人啊,各有所好。这句话真是没错,他傻站着笑，看不见一旁李念欢复杂的表情。

随即，轰然巨响。林贞凡坠落了。

13

爸爸从屋里出来的时候，江术已经泣不成声，痛苦地蹲在地上。爸爸转身就要去屋里拿药，却被江术拉住了衣角："没事，没事的……"

爸爸蹲下身来，心疼地把手覆在江术的背上，轻柔地平定他的情绪。等他稍微安定一点，呜咽的声音也渐渐止住。

爸爸惦记着炉子上的炖肉，又安抚了几句，转身去忙了。江术站起来，盯着报纸上那张摩天轮的图片，除了无止境的悲伤，莫名地还有些生气。

林贞凡，也就只有你了。强硬地进入别人的生命，又毫不留情地离开。

江术眼眶红着，心里空落落的。

"真是个无赖。"

时间有限，逾期不候

愈 之

1

来美术馆当导览员的第一天，浅墨就注意到靠门处的留言本了。

里面有对美术馆的建议，有观展体会，有好看的手绘……在浅墨看来，这是一个包罗万象的小世界，同样有意思的还有它的封面。

那是去年美术馆"青年封面设计师大赛（非美术组）"的获奖作品，大片的西瓜红上，有一个透过小窗子往外张望的小女孩，角落处还有一行歪歪扭扭的小字：上帝关上了门。

可是，本子上的那扇窗户也是关着的。

不解之际,马克走了过来一把夺过本子,告诉她,作品的名字叫作《等待》,暗示着人类对命运的抗争。

"不是说上帝会把门打开的吗?门呢?"

"这是一个没有门而且把窗子也关上了的房间。"说着,他把本子翻到了封底。

下一秒,他满意地听到浅墨发出的惊叫声。

封底同样是那片耀眼的西瓜红,在它的正下方有一个镂空口子,旁边散落着碎砖。

原来,人把墙打碎了。

"那……人呢?"她还是不懂。

"人走了呗!"看着她恍然大悟的样子,马克脸上露出了得意的笑,"作者是个会讲故事的艺术家。没想到吧?快回去好好修炼几年吧,大一小学妹。"

浅墨点头的同时,却对眼前的男孩产生了几分厌恶之感。

这人也真够骄傲的。她想。

马克是美术馆导览组的小组长,比浅墨高两届的他大一就来给美术馆帮忙了。由于是浅墨的直系学长,来这里之前他们就认识。

第一次见面是在新生报到那天。

马克和其他几个同学负责把学弟学妹领到宿舍去,美其名曰"小导游",而实际上是去做苦力:在一所女多男少的美术学院里,帮忙迎新的男生得给学妹们搬行李。

在一群喜欢奇装异服的设计系男生里,穿白球鞋牛仔裤格子衬衫的他分外特别,加之一张帅气的脸,他便更为显眼了。

而且,他扛起行李就往前走,不喊累也不抱怨。把她带到相应的宿舍后,他还笑嘻嘻地说了一句"常联系"。

浅墨以为这只是一句客套话,没想到一个星期后两个人就在不大的美院中碰面了,马克还主动过来打招呼。此后,只要看见她,他都会主动问好。一来二去,两个人交换了联络方式,他成了她朋友名单中的一员。

浅墨好奇,问他是怎么记住她的,毕竟他帮了那么多学妹搬行李。他倒不隐瞒:"因为你长得抽象。"

浅墨哑言。

美术学院里有两类人最引人注目,一类是马克那样的帅哥美女,一类是浅墨这种长得比较抽象的存在,但后者往往不容小觑,正所谓"人丑多读书,天才颜值低"嘛。马克还特别指出后半句是他原创的,不许抄袭。

这话无疑让浅墨对他的厌恶又多了几分。

2

浅墨向来比别人更加努力,她虽然是艺术生,但不像画室里的其他同学那样对文化课不理不睬,相反,她的文化课成绩排到了班级前十五名内,如果不去念艺术,她再努力一点就能上一本了。因为，确实如马克说的那样，她长得蛮抽象的。

本来大眼妹子挺受欢迎的，不料除了大眼睛，浅墨还有一张大饼脸，而且比一般的大饼脸要扁一点，小嘴巴也是挺好看的，可是她的鼻子也小，还有点儿歪。

由于这抽象的外表，她不时成为男生们调侃的对象。

可是，马克并不像中学那些男生一样在背后议论她的样貌。事实上，他的嘴再贱也从来没有在任何一个人面前说过另一个人的坏话。他总是那么直言不讳。

但话说回来，马克也不是靠脸吃饭的主儿。年纪轻轻的他已经获得好几个国内著名青年设计奖项，还被学校里的一些老师器重，说他是青年才俊。

换言之，他是又帅气又有才华的人。

"上帝也真够不公平的，为有的人开了门又开了窗，却把某些人装进小黑屋。"

或许是泄气吧，浅墨随手在留言本中写下了这句话。

没想到一个星期后再打开本子，下面居然有了回复：没关系，把墙打破就可以走出屋子了。

字迹苍劲有力，是男孩。

如果没锤子呢？浅墨写下这句话的时候，带着几分试探性。可她的心中又是期盼得到答案的。

毕竟，你怎么知道上帝会把你困在什么地方？

接下来的那个星期，只要有空儿，浅墨都会往美术馆跑。她想看到答复。

可是，留言是在周六出现的。

对方说：没有锤子，就找别的工具，什么工具都没有，就在屋子里创造一个世界，当自己的上帝。

浅墨就这样和对方聊开了，她发现这是一个很有意思的人，他的话轻轻柔柔的，但每一句都带着正能量。如果不是字迹出卖了性别，恐怕从内容来看，会被当成女孩儿吧。

有一回，浅墨问他怎么这么乐观，他说自己是阿波罗，发光发亮还温暖人，浅墨又问他是不是心灵鸡汤看多了，他却答非所问，说喝鸡汤，要杀生，他爱吃素菜。读罢，浅墨哈哈大笑起来。

与此同时，浅墨发现马克并不那么讨厌，虽然他的嘴巴有点儿贱，但他对组员很好，每个月都会请大家吃饭，还不时给大家买零食。上一回她把他交代的导览策划稿忘了，他痛批了一顿后还帮她把稿子完成了。

为了感谢他，浅墨给他买了水。

"你也真够没诚意的，让我熬了一个通宵，居然用矿泉水把我打发了？"

浅墨一愣，满脸通红。

"你真够后知后觉的，就不晓得'逾期不候'吗？幸好你在最后一天想起稿子来了。这样吧，为了报答我，你请我去学校新开的'丘比特'吃'恋爱的味道'。"

她一脸迷茫地盯着他看,他却不解释。

去了才明白,那是一款叫作"恋爱的味道"的巧克力雪糕。而且……很贵。

"觉得太甜了。"她说,"大概恋爱都是甜的缘故吧。"

"不是所有恋爱都是甜蜜的。"他说得很淡,但浅墨注意到他吃雪糕的动作明显慢了下来。

后来,浅墨问他为什么会想到吃这款雪糕,她隐约觉得这不仅仅是为了想坑她的钱。他却生气了:"你脑子真够不灵光的。"

3

或许是由于对马克印象的转变吧,当他让浅墨帮他宣传微店的时候,她并没有拒绝。

"卖美术用品吗?的确挺多人需要的。"

"不,我卖面膜。"

说着,他发来了店铺链接。

那是一家叫作"马可波罗"的微店,卖护肤品的,主营面膜。

看到店名,浅墨的心"咯噔"了一下。

她想起了无名氏的留言,他说自己是阿波罗,发光发亮还温暖人。

"真的是你吗？"浅墨在微信上问道。

"当然！我可没被盗号，不信可以视频。"顿了顿，他又发来了信息，"不过管理这店的是个女的，我才没那么娘，这店还卖卫生巾呢。"

"祝你生意兴隆！"

许久之前，浅墨就猜测过和她在留言本上对话的人是马克，因为他们有时候一天会聊上好几句话，有好几次，他们聊天的时候，美术馆里只有寥寥几个面生的观众和大部分相熟的工作人员，其中男生就更少了。

在这些男生里，马克的嫌疑最大，一来是语气，二来是直觉，而且不知道从什么时候开始，马克对她似乎格外重视了，要不他也不会把导览策划这么重要的稿子交给她来负责。她记得有人说过，导览策划是下一任组长的试金石。此外每次分零食，他都会有意无意地挑出她不爱吃的椰子糖，还经常把自己的白兔糖悄悄地塞给她。

然而，就算他对自己有意思又怎么样呢？他身边已经有另一个女孩儿了。

那个姑娘长得很漂亮，安静又文雅，眉宇间与马克还有几分相似。用个通俗一点的称谓就是：夫妻相。

更重要的是，他不但没有嫌弃她坐着轮椅，而且对她无微不至地关心。浅墨还注意到，马克对那姑娘说话的时候，总是细声细气的，十分温柔。平日里，大家都调侃他是"好好丈夫"，可他总说那是他妹妹——这样的谎言，谁信?

自那以后,浅墨不再往本子上留言了。

4

我们见一面吧。我要出国了。那人说。

读罢,浅墨的心不由得一紧。

马克要出国了,可他从来没对大家提及,却在留言本中对她说了。

看来,他还不知道与自己对话的人是她。

好的,在哪?她问。

下周六九点,我在美术馆正门等你。

浅墨轻轻地叹了一口气,只觉得马克见到她一定会失望的,毕竟她长得抽象又不优秀。

可是,那天来赴约的不是马克,而是马克的"小女朋友"。

浅墨想跑,却被那姑娘叫住了:"你就是在留言本上跟我聊天的人吗?很高兴见到你。我叫袁昕萝。"

"我也很高兴见到你。"

"可是……请你原谅,本子上的字是我哥哥代写的,因为我的字很丑。"这时浅墨才注意到她的手也有毛病。原来那天袁昕萝去美术馆玩,翻看留言本的时候看到了浅墨写下的文字,便请求哥哥代为回复留言。没想到两个女孩儿就这样聊开了，马克也成了她们之间的"传话筒"：他把留言告诉妹妹，然后根据妹妹的意思做出回答。

不久后，马克就发现与妹妹聊天的是浅墨了，当他把这件事告诉袁昕萝的时候，袁昕萝高兴极了，还时常叮嘱哥哥要对浅墨好一点，因为她们是朋友。

——原来他对自己好，是受了妹妹之托啊。听到这里，浅墨心里有一种说不出来的难受。

话说回来，袁昕萝这次出国就是为了治病的。如果不是有病在身，恐怕她会比马克更加优秀吧，毕竟她是获得"青年封面设计大赛（非美术组）"冠军的人。

看着她的手，浅墨无法想象她按动鼠标有多困难。更不知道她要用多长时间才能画出设计底稿。

"你真坚强。"

"哪里……"袁昕萝的脸泛起了红晕，"我没你想象中那么好，那件作品是一个悲伤的故事。创作它的时候，我被一个男生拒绝了。其实这画面说的是……"

"你废话真多。"是马克的声音，"妈喊你回家吃饭，她做了你最爱吃的青菜炒青菜。"

临走之前，袁昕萝对浅墨说："把本子摊平，或许你就明白了。"

可是，浅墨盯着摊开的本子看了许久，也没有明白其中的含义。

再去问袁昕萝时，她却说："哥哥不让我告诉你。"

浅墨又跑去问马克，没想到他竟然怒气冲冲地瞪了她一眼，"就算你成为不了会讲故事的艺术家，至少得是一个会听故事的美院学生吧？自己找答案去！"

5

不久之后，新的留言本取代了被写完的旧本子，旧本子放到了库房的角落里。

虽然马克和浅墨还不时拉两句家常，但失去留言本的联系后，彼此之间有一种咫尺天涯的感觉。

马克大四那年，还没毕业就进了一家设计公司，为了欢送他，大家在茶水间举办了小派对。

席间，新来的导览员问他名字的由来。

这时浅墨才想起，大家一直叫他马克，却忘了他袁一可的真名。

新来的导览员问他："为什么不叫杰克呢？《泰坦尼克号》的画面多美呀。"

"可他死在海里了。"他说，"画面是静止的，故事是流动的，小鲜肉你学着点儿。"

"马克说话式"让提问者面红耳赤的同时，却让浅墨恍然大悟。

为了证实自己的想法，她以最快的速度跑到库房，路上还不小心撞到了墙角。

她翻出了袁昕萝设计的本子,果然如此——

马克说过,不是所有爱恋都是甜蜜的,现在墙打破了,人就可以出来了,可是,画面是静止的,故事是流动的,在画面里,女孩还在窗前凝视。

因为她在等人。

等待那个拒绝她、嫌弃她的人。

袁昕萝的确没有浅墨想象中那么坚强,她只是把悲伤隐藏起来了,就像浅墨,用努力换来才华,然后遮盖自己的脆弱。

浅墨翻开自从与袁昕萝见面后就不再看过的留言册,一条一条地重温她们的过往,这时她才发现,那些她原本以为在安慰她的话,也是袁昕萝鼓励自己的一种方式。

读到最后,她看到了另一条留言。

依旧是马克的笔迹,但这不是他代写的内容,而是他以马克的身份写给浅墨的话语:"我心爱的女孩,如果你也喜欢我,请在我离开美术馆之前让我知道,因为,等待有时,逾期不候。"

当浅墨气喘吁吁地回到茶水间时,马克却被设计公司的老板叫走了。

他离开了美术馆。

冬天前的碎片

天黑黑

考 试

距离考试还有八天。

我掰着指头,计算着距宣判死刑的日子。

八天,是普通、平常的。它又是短暂和漫长的。我们生活中有很多个这样的八天。我们可能用来生活、工作,抑或者想念、疼痛和别离。

对于即将要面临的考试,我居然没有一点儿紧迫感,这让我很奇怪,仿佛一下子不认识自己起来。虽然本性懒散,但从小到大拿了无数奖状与荣誉的我,对于考试这码子事还是不敢松懈的。可这次居然对其放任自流、视之不顾。

奇怪。怎么会，这个样子。

小　美

小美是我同学加室友。

宿舍里，我说你再这样打扰我学习，我就不要你了！

只见她趴在床上，蜷着两只小细胳膊，上下蹬着两条腿，做"小新"状。

我说你再闹，我就真的不要你了！

她忽地爬了起来，抓起我的衣服一件件往床上扔。"啊！不要我了，你不要我了，你不要我了，呜……"

我说天哪！你这个蛇精病，谁让你放弃治疗的！

她笑嘻嘻地过来问我："亲爱的，那你还要不要我呢？"

我气得把书丢床上，尖叫出声，"到底是谁把七院的门忘了锁，让你跑出来的！！啊——我再也不要晚上和你睡在同一张床上！"

半天，没有了继续扔东西的声音。四处张望，发现她趴在靠墙的地上。

我好奇地问她你在干吗？她说你不是不让我睡床吗，那我睡地上好了。

母　亲

　　小C冲着电话说："啊！你看你这女人，就不能多花五毛钱到站内等车啊，在那儿根本等不到车！"

　　电话是打给母亲的。她母亲身体不好，医生说需要做手术，今天到医院去复查。

　　挂了电话，小C说这女人为了省五毛钱，大冷天跑外面去等车，能等到吗？和我爸两个人去看病中午吃饭才花了不到八块钱。说着说着眼泪就快掉下来。

　　我想起自己的母亲。买两毛钱的眼药水，宁肯走很远的路也不舍得花几块钱打车，穿很便宜的鞋，吃最便宜的药。

　　然后，我的鼻子就酸了。

　　是啊，这女人。

歌　声

　　桂宝说你唱首歌我听吧。

　　我一边往脸上涂东西，一边光着脚在地板上走来走去。冰凉的感觉。

　　轻轻哼唱着那些锁在箱子里，慢慢发黄，适合在某一个有阳光的午后，拿出来晾晒，静静听完的歌。

这时，手机里收到一条短信，朋友说在出差的路上，车厢里放的是邓丽君的老歌，"在哪里，在哪里在见过你，你的笑容这样熟悉……"

呵。我开始唱王菲的那首《红豆》。

桂宝抗议，说怎么全都是些哀婉低迷的歌曲啊。我不理她，自顾自地继续哼唱。

不知何时，桂宝随我一起唱起了"你存在我深深的脑海里，我的梦里，我的心里，我的歌声里。"

寂静的夜色里，袅袅歌声飘荡在整个房间。灵魂随着那妙曼的旋律飘向了远方，一路倾听，好似到了天堂。

降　温

夜里，天气预报说，从明天起开始降温，估计周末左右气温会有所回升。

路边的树，叶子落了一地。吹很大的风。天空始终阴沉。我感到冰冷，开始向往温暖的阳光。

这日子到了冬天了。

被遗忘的时光

苜蓿花开那些年

陆 屿

1

何田田来到我的生命里的时候，我还是穿着牛仔裤宽T恤的大大咧咧的假小子，也是跟着班上一帮调皮生随时逃课混网吧的……优等生。

后面三个字我真心不知道自己是怎么说出口的，但是我也没有说谎，初一一年总共考了三次统考，每次年级第一都是我。

何田田是初二的时候转来我们学校的，转来的第一天由于没有来得及分好床位，所以我热情地邀约她跟我一起睡，我本以为她会因此感动，对我另眼相看，结果这个看起来呆呆的小姑娘早上起来对我说，我踢被子害她感冒了。我把衣架和洗脸盆摔得啪啦作响，气得再也不想和她说话了。

于是我果然就没再和她说话。

初二伊始，鉴于初一一年的不错表现，老师也渐渐不再管我，于是我逃课上网变本加厉，哪怕留在学校上课，也堂而皇之地睡着大觉。而何田田完全和我相反，每天早早地起来晨读，上课积极回答问题，认真完成作业，坚持课后复习，老师喜欢得不得了。

同桌笑笑捅捅我的胳膊，"木子宇，我看这回你的第一是保不住了！"

我远远地瞧了何田田一眼，只回了同桌一个字，"切。"

不过托何田田的福，上初中我第一次在年级统考前认认真真在学校待着好好地复习了三天。熊猫眼能够证明我对这样的好学生日子多么不适应，但是至少我解除了何田田那厮的威胁，也算是功成身退。

结果考试成绩下来了，众人皆惊，转学生何田田每一科的考试成绩只是勉强及格而已。这下同学们对何田田的态度来了个三百六十度大转弯，从前何田田在课堂上举手提问，大家都会一脸惊叹地膜拜着学霸的光辉，而今却是大大地不耐烦，甚至暗地里给她起了个外号叫"十万个为什么"，嘲笑她上课频繁地发问。

何田田的头在同学们的窃窃私语中埋得更低了，问的问题也更低级了，可是她却像一棵石缝中生长的小树苗一样始终没有被我们打倒，她开始不在课上提问了，而是下课后一趟一趟地跑办公室。

我还注意到何田田一个变化，就是她在寝室不向阳的地方种起了一棵草，每天课间除了跑办公室问题以外，还会抽空去把她的那棵草搬出来晒晒太阳。我一直不知道何田田养盆草用意何在，就像我不明白何田田何至于总能跌得那么惨。

2

我不费吹灰之力地打败了这个种草的姑娘，却没有想象中开心。按理说我已经报了当初她"有恩不图报"的大仇了，但是我看着她一个人躲在角落经营那株草，却觉得有些难过。

我也隐隐向何田田示过好，在某年某月某日下午，我拿着个苹果边走边啃，路过何田田的座位的时候，毫无关注点地说着："休息也是保证效率的关键之一，太拼的人输不起却反而赢不了！"

连我都被自己流畅的歪枣道理给感动了，结果何田田坐在座位上无动于衷。坐在何田田后面的小伙伴对我竖起了大拇指，他以为我是在挑衅何田田，摆出了看好戏的架势。我把手掌比在脖子上凶神恶煞地提醒他闭嘴，迫于我的淫威他不敢造次，悻悻地低了头。

　　我突然在心里对何田田万分恨铁不成钢：你要是有我半分魄力，班上还有谁敢欺负你呀！

　　我气恼地回到座位上，连网吧都没有兴趣去了，就想着要怎样把何田田这株长歪的苗儿扶正。

　　从那以后，我再也不逃课了，并且每节课都认认真真听讲。所有人都以为我修身养性了，其实我只是把所有的时间拿来研究何田田了，我想找出她的问题所在，不愿看到她陪着一株草消沉。

　　幸好，对何田田所作出的努力不像石沉大海一样没有回应，何田田终于还是在我隐约又倔强的善意中向我敞开了心扉，在我又一次专门路过她的座位旁时，她突然抬头看向了我，那是我第一次看清她的笑容，她笑着问我："木子宇，我这道题不会，你可以给我讲讲吗？"

3

　　何田田种的草叫苜蓿，据她说到了盛夏会开出美丽的紫花来。苜蓿的花语是"幸运"，她说她在种下的时候许下了一个愿望，等到苜蓿花开的时候，愿望就会实现。

　　我虽然不相信一株草的神奇，可我相信何田田，我相信她的愿望一定会实现。她认真的时候脸上像是映着光，那一秒起，我开始发自内心喜欢这个姑娘。

我开始不再穿着大号T恤衫混男生堆,而是下课后和何田田在操场上一圈一圈绕。何田田会唱好多歌,和我在一起的时候也不像课堂上那么沉默,总是有说不完的话,从一只一块五的冰淇淋说到楼上白衬衫的少年,再从柴可夫斯基说到周杰伦。

我以为何田田会向我吐露一些不满和忧伤,但是她的声音永远轻快而明朗。在她眼里,世界都是温暖而美好的,虽然她也很害怕别人不善的指控,但是我却没听见过她说过任何人一句不好的话。

她还跟我说她最喜欢一句诗"莲叶荷田田",因为里面有她的名字。说到最后,何田田的声音突然顿了下来,她看着我说:"子宇,谢谢你,我知道她们都不喜欢我,只有你愿意和我说话。其实我好羡慕你成绩可以那么好。我就不行!"

我急急忙忙地说:"为什么不行?从今以后我都不去网吧了,我们互相补习,我是第一都没人敢跟你抢第二你信不信?"

何田田伤心地摇了摇头,"我做不到,真的,我试过了。我小的时候得过脑膜炎,虽然治好了,但是留下了后遗症,严重地影响了我智力的发育,别人轻而易举就能弄懂的东西,我要花很多的时间,而且我总是记不住东西,注意力集中不了多久脑袋就会疼,我总是和别人不在同一阶梯上,我再怎么努力追也追不上,我也想变成和你一样优秀的人，可是我真的做不到！"

4

我后来才明白为什么何田田要在背阳处种那株叫苜蓿的草，原来那就是何田田的梦想，她想像那株苜蓿一样，在背阳的荒地里开成一株繁盛的花。

她像经营那株草一样经营自己的人生，哪怕历经着风霜，也决不轻言放弃。

何田田还是很勇敢地追着梦，连带着我一起披星戴月地奔忙起来。她每天早上六点不到就起来了，而我虽然常常是打着哈欠起来洗漱，却也一改以往，风雨不改地陪着何田田。

我给何田田辅导功课，给她讲作业里的错题，虽然何田田每次思考的时间都会很久，但是我依然会等着她慢慢反应过来，我有时也会着急，口不择言地伤到何田田，但是她毫不介意，连被我骂了，都会微笑地看着我。我拿她无可奈何。

不过何田田在我们好几个月的努力中，成绩终于提升了起来，至少从之前的中下成功迈入了中等生的行列。我看着何田田的笑容多了许多，整个人都明亮了起来。期中测试成绩出来的时候，何田田从办公室冲出来就激动地一把抱住我，说："子宇，我做到了，我战胜自己了！"

我跟何田田提出要庆祝一下，于是我们买了一堆吃的去爬学校的后山。何田田望着远处高高的山峰对我说："木子宇，你不会知道我在心底有多感谢你，从前我只会安静地待在山脚，是你让我对山顶的美景有了盼望。"

我乐得吊儿郎当地勾住何田田的脖颈，嬉笑着说："这就对了嘛，早该这样了。"说完我还傻乐得无法抒发，就朝山下大喊："何田田加油！"

何田田也跟着我一起喊："木子宇要开心幸福！"

头顶上倾城的日光就那样直直地笼罩在我们身上，我看着何田田爽朗的笑容，那一刹那觉得青春也不过如此吧。

5

快要到夏天了，何田田的苜蓿花快要开了吧。

何田田那天跟我说了一个重要的决定，等到花开的时候，她要去向钟情的白衬衫少年告白。

白衬衫少年是大我们一届的学长，今年初三了，七月就要毕业离开了。何田田说不希望青春有太多遗憾。

说这话时何田田背着光，我看不清楚她的表情，于是我木讷在那里，不知道怎么答话。

我感觉何田田和我当初认识的单纯小女生有些不一样了，具体是从什么时候开始的呢，应该是因为那些流言吧。

那些个时候，我和何田田每天形影不离，我以为已经和何田田一起走进夏天了，然而何田田没有明朗多久，却变得更加的闷闷不乐了。起初我不知道为什么，后来我才渐渐领教到青春期时来自少数人稚嫩的恶毒。

何田田的成绩明显提升以后，有些人曾提出让我也给她们补补功课，可是心直口快的我以没有那么多时间拒绝了。我知道可能是我处理的方式欠妥，她们的不满不敢对我说，最后都引爆到了何田田身上。

她们嘲笑何田田是我的跟屁虫，客气地说是和我像穿连裆裤的连体婴儿，不客气地说是何田田是我肚子里面的蛔虫，依附着我学习和生活……我问了很久很久，何田田才跟我说了一点点，我知道还有更过分的，何田田说不出口。

年少时候那颗少女心敏感得像易碎的玻璃，何田田好不容易建立起来的自信心就在这样的议论声中慢慢崩溃瓦解了。我看到何田田在给那株苜蓿浇水的时候哭了，我走过去拉住她的手，何田田却轻轻地把我甩开了。

中学时代，我们心性单纯，但是对着这个世界半知半解的我们无一不会在自己心里放一把秤，有的误会即使很小，可一旦产生，反而是没有办法消弭得那么迅速的。

我不想失去何田田，可是在她把我甩开之后，我所有的在乎却开始胆怯了。

6

何田田变了，我们所有人都看得到。

她对我说："木子宇，你就是我想要攀爬的高峰，可是你离我太远了，远得我只能放弃和你并肩看风景。"

我躲在被子里面，抱着何田田送我的维尼熊流眼泪。何田田把我从一个吊儿郎当的假小子变成一个情感充沛的青春期少女，把曾经莽莽撞撞的我变成如今这般的敏感细腻。她改变了我，最终却又毫不迟疑地远离了我。

何田田种的苜蓿最终没能顺利地开出繁花，她的白衬衫学长就已经离开了。我陪着何田田垂腿坐在花坛边上看夕阳，橘红色的光芒笼罩着我们，整个校园都变得特别静特别静。

我很想说点什么，可是最终我什么也说不出口。就像后来何田田在男生群里越变越开朗，我也只是远远地看着她肆意地欢笑，不敢再走近。

同学们都说我和何田田就像是相互调换了位置，她变得更加肆意飞扬，而我却比从前多愁善感。

对于何田田的又一改变，依然又起了新的流言在流传，何田田似乎都不在乎了，唯一没变的是何田田还在细心地照料那株苜蓿草，她还在等着花开，在此之前她换了另一张更加青春的面孔。

她走向了少有嫉妒和小气的另一个群体，用她所能展现的热情和开朗打动他们，再融入他们。我会站在教室的阳台上看着何田田在操场上和男生一起打篮球，看着她在拉拉操的队伍里挺拔飞舞。从前她只是一脸欣羡地对我说说而已的事情她都敢做了，并且她都做到了。她不再是留在座位上绞尽脑汁地算题，她走向了更加广阔明亮的世界。

我开始慢慢安静地在教室里上课自习，所有的笔记一式两份，从没有落下过。何田田会收下我的笔记，在深夜继续付出刻苦的努力，然而在白天她依然活得不管不顾，青春飞扬。

她曾经失落彷徨，会因为不会做数学题自卑地哭泣，而如今她变得阳光而从容了，我想，她从别人那里得到了另一种力量，是我曾经忽视的，不曾给予的。

虽然她的成长和我曾经的期许有了些许分歧，但是看着何田田是真的变得开心了，我也由衷地为她感到高兴。

我相信何田田是在用她的方式慢慢在变好，就像我曾经说的，我不相信一株草的神奇，可是我相信那个种草的姑娘。

7

那个夏天过完之后，何田田决定离开了，她要转学去更好的学校。

她问我:"木子宇,你相信我吗?相信我能做得更好?"

我虽然不想和何田田分开,但是对着何田田期待的眼神,我狠狠地点头。

走之前,她把那盆苜蓿草留给了我,对我说等到来年毕业就是花开的时候,就让这株幸运草带着她的祝福见证我走过的路。

那株苜蓿在何田田的照料下已经变得很是茂盛了,我几乎只需要浇浇水,就能够活得很好了。它那么顽强美丽,像何田田;那么美丽无双,像何田田。新的学期里,我偶然听说她在新学校魔鬼式的训练下进步很神速,同学们再谈论起她的时候亦充满着赞许了。

又一个夏天到了,在那株紫花苜蓿盛开的时候,我收到了录取通知书和一封何田田的信。何田田和我考入了同一所高中,她在信上说:"木子宇,一直很抱歉我曾经远离你,因为不走出你的庇护,我永远无法真正成长。你一直以为我后来的笑容是得益于其他人的温暖对吧,其实不是的,我的力量一直都是你。是你一直鼓励我,不管我是什么样子,不管我如何推开你也不放弃我,才让我一直努力走到今天。你就是我的四叶苜蓿幸运草,三生有幸的幸。"

我放下信,嘴角的笑慢慢溢出来。那年的紫花盛开,见证了这场友情全部的意义。

纸飞机飞不过万水千山

陈小艾

1

周铭辰是那种在人堆里自带发光体属性的存在，在我还未进入清远高中时，便听闻过不少关于他的事情，但却从未想过有一天会与他产生千丝万缕的联系。

那年夏天，我一直喜欢的民谣歌手来小城里开演唱会，由于不久前我刚在中考中拿了一个漂亮的分数，在我的软磨硬泡下，妈妈终于同意让我去现场。

我用妈妈给的钱飞快地订购了门票，拿到门票的那一刻，我便开始焦急地等待演唱会那天的到来。

演唱会在小城城北的一个小剧场，因为是小众的民谣歌手，前来听歌的人并不是很多。我从城南辗转了几班公交赶去现场,却在即将检票入场时惊慌地发现演唱会门票不见了。

距离开场只有不到半小时,此时返回去找门票肯定来不及,更何况路途遥远,我并不知道是在哪儿弄丢了门票,就在我带着哭腔儿跟门口的工作人员央求能不能通融一下让我进去时,周铭辰出现了。

他高瘦挺拔,穿着一身松垮的运动服,留干净利落的板寸头,左耳里塞着耳机,周身散发着一种格外干净清爽、青春逼人的气息。见我一直堵在检票口前,他皱着眉头凑上来了解完大概情况后从包里掏出一张门票:"我这里有一张多余的门票,你拿着吧。"

这一切来得太突然,我接过门票,愣了好久,终于缓过神儿来准备要对他道谢时,他已经走出去了一段路,见我仍愣在原地,他扭头朝我喊:"快点检票进来吧,要不该来不及了!"然后继续埋头往前走。

我的座位在他旁边。为了表示感谢,我从书包里哗啦掏出一堆五花八门的零食递到他面前,他摆摆手给我推了回来:"你当这是看电影呢,别吃了,马上就开始了。"

那晚的演出很精彩,最后几首经典曲目一响起,剧场里的观众们都自发地起身开始大合唱,我也应景地站起来跟着大家一起声嘶力竭地唱起来,等结束时扭头发现一旁的周铭辰一直安安静静地坐在座位上。

"你怎么不跟大家一起唱呀?"

"我更喜欢安静地听歌。不过,你唱歌的样子真的……"他脸上有一闪而过的笑意,"真的好好笑。"

2

彼时我还不知道他就是传说中那个清远高中的"全民男神"周铭辰。

从剧场出来,我一直跟在他身后穷追不舍地问他的学校和姓名,我想找机会好好请他吃顿饭当作感谢。

他却并不打算告诉我,一直埋头往前走,直到我眼看着他跳上一辆与我方向相反的公交车,车门即将关上的那一刻他转身对我说:"有机会我们还会见面的!"

那时我一边暗自揣摩他这句话,一边为自己把这么个帅气少年轻易放走深表遗憾,却并未想到夏日快要结束时,会再度与他相遇。

每年清远高中开学那天是校园里最热闹的时候,作为远近闻名的重点高中,这一天有不少费了九牛二虎之力终于考上的同学们跟着父母从四面八方赶来,我也是其中一个。

交完学费领完分班表后,妈妈挤到家长堆里跟大家交流心得,一个个兴高采烈的,好像自家孩子已经跨进了重点大学的校门一样。我跑到办公楼去领校服,正在S号和M号之间犹豫不决时,忽然觉得身后有人拍了我的肩膀一下。

我扭头，见是周铭辰那张熟悉的脸，唯一不同的是他身上穿着清远高中的校服。

我张大嘴望着他，半晌才挤出一句："太棒啦，原来你也是清远高中的啊！"

他一只手插在裤兜里，一只手伸到我面前，"我是高三（1）班周铭辰，很高兴又见面了。"

听到"周铭辰"这个名字从他嘴里脱口而出时，我忘了在原地怔了有多久。原来他就是那个大名鼎鼎的周铭辰，在我的初中母校里有不少他的粉丝，甚至对不少人来说想竭尽全力考进清远高中的很大动力便是他。

一直以来，我像个突兀的绝缘体一样支棱在热闹的生活之外，对于这些传闻虽然不算热衷，但也略知一二。

我伸出右手迎上了他那只在半空中悬着很久的手，"那次演唱会的事还没来得及好好谢谢你，有机会我请你吃顿饭吧。"

他一个劲儿朝我摆手，"你太客气了，反正原本就是多余的票，你不拿去用也是浪费了。"

我一直站在原地目送周铭辰走远，孟媛媛凑上来，伏在我耳边阴阳怪气地说："沈桐雨，看不出来，你居然跟男神周铭辰是老相识啊！"

"别胡说，我们只是偶遇过一次。"为了掩饰慌乱和不自然，我继续埋头挑选校服。

3

虽然我们高一教学楼和周铭辰所在的高三教学楼之间相隔比较远，常理上除了食堂我们之间应该少有交集，但这丝毫不妨碍周铭辰经常出现在我生活里。

周一升旗仪式上的旗手、全校师生大会时主席台上讲话的学生代表、篮球场上的最佳得分王、学校文艺晚会的御用男主持，周铭辰像是有十八般武艺一般将这些不同的"身份角色"演绎得精彩到位，更重要的是，即便到了高三，他也未被这些学习以外的事情"干扰"，每次考完试的红榜上依旧站在最上面，傲视群雄。

周铭辰的出现，像是一道鲜亮的光，照亮了我平淡无奇的世界。

孟媛媛神秘兮兮地将一个透明的玻璃瓶子递到我手里时，我正在为一道物理题愁眉不展，她一边往我手里塞，一边压低声音说："这是咱班班花纪小冉给周铭辰的，都怪我在她面前夸下了海口说认识周铭辰，拜托你就帮帮我这个忙，把这个交给他吧。"

我拿过瓶子打量了一下，里面是花花绿绿的纸飞机，每个飞机都折得很袖珍也很精致，机翼上好像都写了字，没猜错的话应该是纪小冉写的表白的话。

我没有立刻答应，但也没有拒绝，默默接过瓶子塞到了书包里。

　　我不确定什么时候能跟周铭辰再次有单独相处的机会，更重要的是我有点好奇，如果他知道像纪小冉那么漂亮优秀的女生喜欢自己，会不会立马欣然接受这份爱意。

　　那个装满纸飞机的瓶子在我书包里躺了很久，其间纪小冉好几次托孟媛媛来打探口风，对此我一直沉默不语，时间久了，她们也便像是忘了这回事，不再提起。

　　的确，像纪小冉这样的女生，活得像是那个年纪每个女生的梦想，生活里繁花似锦、风生水起，自然不会甘愿只为一个没有任何回应的人停留。

4

　　再次见到周铭辰是在周末大休回家时，我在站牌好不容易等到要坐的公交时却发现钱包落在了教室里，转身时撞到了周铭辰怀里，我匆匆说了声"对不起"便继续大步往教学楼跑去。

　　教室已经早早地关了门，待我准备下楼另想办法时，发现身后站着周铭辰。

　　"看你慌里慌张往回跑以为发生什么事了，不放心就跟着过来了。"干脆利落的回答，一如他的为人，甚至不用揣摩便可以感受到他浓浓的关心之意。

　　听完我的"遭遇"后，他几乎二话没说便从隔壁班爬到了我们班的阳台，恰好有一扇窗子没有关好，他从那翻进教室，成功把我的钱包拿了出来。

我们班教室在三楼，我在一旁看得心惊肉跳，直到他将钱包递到我面前，"喂，你在想什么呢？"

"我在想万一你不慎跌下去，我一定会对你的后半生负责。"我半开玩笑半认真地说。

"真佩服你们女生胡思乱想的功力。"他一边掸掸身上的灰一边说。

我迎上他的目光，他嘴角的浅笑里像是有一种别样的蛊惑，那一刻我甚至偷偷在想，被他这样闪耀的人喜欢该是一件很值得骄傲的事情吧。

我的手在书包里摸索了很久，最终没有将纪小冉的那个玻璃瓶拿出来交给他。他们都是人群中闪耀的同类，我甚至能想到他们并肩站在一起登对的样子，可我实在做不到将他亲手推到另外一个女生的生命里去。

是的，就是在那一刻，我承认自己喜欢上他了。他给过我的那些星星点点的温暖和善意，在我心底绵延成一片海。

5

我得承认我跟周铭辰从来都是截然不同的两种人。在我一边暗暗制造跟他偶遇的机会一边为高中日渐繁重的功课忙得焦头烂额时，周铭辰已经收到了名校寄来的提前录取通知书。

由于不用参加高考，周铭辰在身边同学争分夺秒备战高考时提前收拾书本离开了学校。

他离开的那天，我站在三楼的教室里看他背着书包离开，犹豫了很久将手里叠好的粉色纸飞机从窗前扔下去，纸飞机的机翼上有我用黑色签字笔认真写下的祝福：祝你有大大的前程和美好的爱情。

我立在窗前看纸飞机一点点摇摇晃晃飘下去，最后盘旋了一个小圈在他身后落下，他只顾着大步往前走，并没有注意到身后。我将手里还没来得及扔出去的另一架纸飞机放到书本里，忽然之间满脸的泪水，像个恍然从梦里惊醒的孩子。

秋天开学的时候，听说周铭辰放弃了北京那所高校，飞去了大洋彼岸求学深造。后来我从别人口中零星听说过一些关于他的消息，听说他跟一个留学生在异国他乡谈了一场轰轰烈烈的恋爱。

高考结束后，我辗转加上了他的微信，他朋友圈里一半的状态都是关于女友的，情人节和生日时他为她准备的大束鲜花，她生病时为她炖的爱心汤，看他在欧洲古堡前为她拍下的一张张美照，他是那么大大咧咧又粗线条的男生，当他终于一点点笨拙地学会浪漫温柔，身边有佳人在侧，那个人却不是我。

即便过去了那么久，虽然我们之间并没有多少细枝末节的故事发生，但在看到这些的时候，我心里却好像有一场海啸席卷而来。

我收到了曾经他拒绝掉的那所名校的录取通知书。那年他离开后，我用了两年的努力一点点让自己变得更优秀，就是为了有朝一日能坦然地与之比肩。

可我终究没有机会等到那一天。

去北京求学临行前收拾行李时，我在一本高中课本里发现了当年没扔下去的另一架纸飞机，上面的字迹已经有些模糊不清，我捏着仔细辨认了一番后，确定上面写的是：两年后，我希望考到你的学校，跟你在一起。

后来，我给周铭辰在微信上留过言："喜欢一个人，就是希望他过得更好。"这句话一点都不假，看你现在很幸福，真心为你高兴。我曾卑微地喜欢过你，谢谢你让我变得更好。

那条留言发出后，我捏着手机盯着那个聊天页面发了好长时间呆，最后退了出来。

凌晨收到他的回复：谢谢，也祝你幸福。

我知道，关于他的那个漫长的梦，该醒了。

从 前 慢

林宵引

1

许秋醒来时,只沉重睁眼的一瞬,他就知道眼皮一定肿得十分糟糕。毕竟梦里哭得不像样子。若是子栎看到,必定要吃惊。许秋怎会有那样脆弱的时候?

许秋深深地叹口气,走到窗边听着无尽的大雨,怀念刚才做了太久的梦。如果可以,他愿意永远地住进那个梦里,梦里是子栎的世界。

他多想回去她的世界,重来一次,陪着她苦尽甘来。

2

大概十四五岁，许秋仍懵懂地听从父母安排，参加各种比赛活动时，子栎就已清楚自己想要什么。

市少年组游泳赛至尾声，许秋如同一只落水狗，瘦小的身子从泳池艰难地爬上去，落后于其他所有选手，沉默地站在一旁。他们是最后一组，远远领先于他人的子栎被簇拥着，同他不过几步之遥，在他眼中倒像是身处另一世界。

父母的期盼仍萦绕耳边，"小秋，你的钢琴比赛落选了，作文大赛也没写出个好成绩，那至少游泳拿个奖吧。"

人群散去，空荡的游泳馆剩许秋一人，孤单的影子，坐在泳池边。等到身边有脚步声靠近，许秋以为是工作人员，起身时却对上了子栎的眼睛。

那时的她比他高一个头，短发有些湿，眼睛下面有颗泪痣，弯着眉眼低头看他。

"泳帽都不摘，一直戴着不难受吗？"

所以，是子栎先打破了壁垒，把他拉入自己的世界。这也是他们之间，唯一能让许秋略感慰藉的事情了。

3

那次赛后，子栎便约许秋一起练习游泳，可常是许秋坐在一旁，看她如一尾入池的鲤，轻巧地摆着身体在水中穿梭，优雅得如同夏日里他的一场幻觉。

其实许秋家境殷实，参加各种比赛也只是为了满足父母要求，何况下次的钢琴独奏赛他也有把握，不必白费时间在此。可子栎的言行姿态、她的决心……她整个人都带着一股魔力，令许秋不想走。

桂花漫天的时节，子栎领着许秋来自己家，很简陋的屋子，住着爷爷和她。子栎的性格一定是从爷爷那里承袭来的。许秋的家人都十分严肃，所以他几乎从未见到过那样的老人家，耄耋之年仍活得潇洒自在，像个顽童，但对子栎又无微不至，看起来似乎无所不能。

两个人坐在树下，尝着爷爷做的桂花糕，携花香的秋风悠悠荡去，周末下午的时光温柔地淌过。

往常和子栎练习的时间只短短半小时，这回花了整个下午，到家时的许秋面对着父母冷肃的神色，深深地担忧着之后同子栎的会面。

果然，钢琴独奏赛在即，父母令他暂停游泳训练，专心练琴。

一晃就过去一个月。也不知子栎是否忘记他了，那个游泳特别糟糕又总沉默的小男生。

4

时间说长不长,说短也不短,许秋练琴时总会想到子栎,老师说他琴声里多了一丝惆怅,他却恍然未觉。老师认为他有实力,上一次只是失误,要有自信,许秋也不多言。

钢琴独奏赛在雅致的大音乐厅,最后一音落在指尖,亦落在听众的心尖。有外国友人起身喊了句"Bravo",接下来是热烈的掌声。

他被人群簇拥,听着人们对少年的赞叹,却突然想起游泳比赛那天,阳光覆在蓝色泳池,覆在子栎身上,而她微笑着同人致谢。

听众渐渐离场,父母也有事忙,让许秋自己回家。许秋就站在出口边,静静地看着落日。竟等到了子栎。虽然他没曾想能等到。

子栎还是短发,有点乱,笑着时那颗泪痣很醒目。

"你长高了一点。"

许秋没想到她见面竟是这句,有些语塞。

"原来你弹琴这么好听。"

许秋才想起来,她怎么会知道他今天比赛,未出口问,她便接着说了,"你们比赛的宣传单都发到我们班了，学校应该挺重视的。"

　　落日渐远，天地暗了下去，四周阒然，只听得她的呼吸声缓缓靠近。子栎靠在他肩上，附在他耳边，很小声地同他说话，出口却像一声长久的叹息。

　　"许秋，我好担心啊。"在许秋闭关练琴的一个多月里，同子栎相依为命的爷爷生了一场病，在子栎的印象里，爷爷分明从不生病，身子骨硬朗得很。

　　抑或是爷爷怕她担心，一直隐瞒。许秋心想。

　　爷爷病好后还是从前的性格，但开始教子栎自立。

　　其他小孩还在父母羽翼下安稳成长时，子栎一边想自己快些长大，一边又期待时间能过得慢一些，越慢越好。她好怕物是人非。

5

　　不知不觉，许秋开始比子栎高了，身体的长势便如拔笋。子栎才发觉，在钢琴边起身的那个少年已身姿挺拔，举手投足都引得许多小粉丝追随。而子栎，入水时也仍是灵活自如的模样，能让许秋端着下巴看上好半天。

　　子栎兴冲冲跑来告诉许秋，自己有可能获得资格进入省游泳队训练时，许秋正考虑着父母的提议，去国外学音乐。

　　原本该是个双双圆满的好结局，各自在其领域前行，相逢时如同别后三秋。却未曾想，命运不让他们这么轻易。

游泳选拔赛在即,子栎的爷爷病倒了。不同于以往撑一撑还能继续的病情,医生只对她道,小姑娘,做好心理准备。就连常年在外鲜有音讯的姑姑也回来了,但照顾爷爷时总是子栎一人忙前忙后,姑姑看着昏迷的爷爷,不愿帮上一把。

子栎选拔赛那天拼尽全力,心里想着日渐衰弱的爷爷,想着陪她这么久的许秋,也想到了神情冷漠的姑姑。

她和旁边的选手分明同时触到终点,许秋在看台上也见得清清楚楚。可裁判最终宣布的结果,却是子栎与选拔赛无缘。她很难再有机会进入自己梦想的队伍训练了。

许秋记得那天的子栎,她原本惯有的一种光彩,好像被人用力地,狠狠从她身上抽离了。

6

许秋与父母长谈,最终决定留在国内继续念书考大学。父母也算开明,同意了。许秋长舒一口气,至少能在子栎艰难的时刻陪她。

见面时,子栎却同他生了很久的气。

"为什么要放弃那么好的机会,能去国外学自己喜欢的东西,为什么要拒绝?"

许秋不知如何回答,只静静地看着她。她头发长了些,也没心思打理,乱糟糟的样子,形容憔悴,像只可怜的小猫。他用手给她一点一点把头发理顺，眼神里是无尽的温柔。子栎也不生气了，又低着头，心事重重。

临近考试周期，学业也越来越重。许秋成绩优异，父母期望十分高，高考的担子太过沉重。联考那几天，父母收了许秋的手机，让他专心备考。对于许秋，只是度过紧张的几日，而子栎却像是过了荒唐揪心的半辈子。

爷爷最后发了一场高烧，离世了。他全身插满了管子，手臂上因为长时间挂水而青肿，那样痛苦地离开了子栎。

子栎给许秋打过三个电话，都是关机，就没再打了。从前听爷爷说过，事不过三，好的坏的，总是不要比这更多。

许秋到子栎家去，住户已是子栎的姑姑，不耐烦地告诉他，子栎搬去附近的另一间屋子了。

他找了半天，才在附近一个狭小储藏室改造的屋子里找到子栎，她将爷爷的遗像端放在桌上，看着发呆，香火快燃尽时，她才续上一根。

他就隔着窗子看着屋子里的子栎，心里好沉，几乎喘不过气，想出声喊她的名字，却哽咽地立刻捂住了嘴。

7

子栎要出门，在门口见到他时，倒是十分镇定地同他打招呼。许秋问去哪,她道,去办一下退队手续。他问缘由,她不答。他只好一路跟着,在办公室门外偷听她和教练对话。

她对教练说,对不起,让您失望了,我没能进省队训练。家里有些变故,以后我就不游了。教练挽留她,以后还有机会,至于费用的话可以酌情减少。她只颓然道,算了。

子栎没回住处,去河滨公园坐着,待至夜里。许秋就在她身后不远处,默默站着。

"许秋,以后不要再为我改变自己的决定了,不值得。"

许秋心里始终堵着,就听她一句一句地说。

"你应该过得很开心的,一点儿心事都不要有。"

"以后无论发生什么事,你都不要回头,过好自己的人生。"

"好不好?"

那你呢?你一个人怎么办?许秋心想。却怎么也问不出口,只在她身后,应了一声,好。

8

在学业上,许秋的压力比子栎远大得多,抽空来找子栎时,竟见子栎正同她姑姑争执。

子栎的姑姑把爷爷的存款都拿走,子栎没有多言。让子栎搬到这个狭小的居室,子栎也没有怨言。甚至连选拔赛失败后,姑姑不给她钱训练,她也认了。是什么事情让她忍不下去?

子栎的姑姑没和她商量就把房子卖了,打算拿了钱回外地。

子栎自小就同爷爷住在这老房子里,点滴都留在了这里。墙上是爷爷亲手贴的奖状,抽屉里堆满比赛证书。电视关掉之前还留在爷爷最爱看的频道,爷爷走后就没人看了。厨房砧板上都是痕迹,而每到饭点,屋里本该弥漫熟悉的菜香。

爷爷怎么忍心留她一个人?爷爷一定仍有执念,留在这屋子里。子栎急得眼睛都红了,却敌不过姑姑的无情与法律的一纸效力。

爸妈来电时,许秋第一次同他们撒谎,说晚上留下自习。附近许多空房,这一片宅区灯火稀少,头顶的星光清晰可见。别人的星光都铺满前路,可是子栎的星光呢?

许秋看她实在疲惫,自己也站得累了,便席地而坐,轻轻拉着她,让她靠在自己身边。

子栎转过身,许秋原以为她要对他说,回去吧。却没想,她慢慢靠近他,啪嗒一下,眼泪就顺着她的脸颊流了下去。她俯下身,脸贴着他,浑身颤抖,眼泪打湿了他的心。

"许秋，为什么……我的生活和别人的不一样？"许秋答不上来。

"爷爷最喜欢看我游泳，他说我很棒，我始终是为了他游。"

"现在我好像没有理由继续了。"

许秋难过地问她："那你能不能……为了我坚持？"

第一次见到她游泳就喜欢上了。何止是喜欢，每次见到，他都着了魔似的一直看。起初是喜欢看她游泳，后来完全就是对她这个人着迷。

子栎却不再答话了。

9

之后的生活，许秋也不知如何形容。自己对于子栎似乎毫无助力。他只是她生活的一个旁观者。顶多只能伸手抱抱她。他并不能成为她坚持梦想的理由。

所幸子栎顺利地考上大学，能够离开这个城市。子栎的姑姑大概良心发现，愿意支付第一学期的学费。之后的生活费都由子栎自己打工挣，但对她而言足矣。

许秋在另一个城市的重点大学，同父母的期望一样，会是个前程辉煌的高才生。闲时他会听些音乐会，参加社团活动，也看书和电影，但却不主动找子栎。

他不敢去。他不知道在子栎的人生里，他是个什么角色。是衬托得她更悲惨，还是更励志？而那时，他身边簇拥着不少姑娘，高的矮的，美的一般的，有才华的平庸的，不一而足，总有人在他空闲时约他，他虽总是拒绝，却仍有推脱不了的时候。

倒是子栎，辛苦打工挣来的钱换作路费，买了车票，蓦然便出现在他面前。子栎同他打招呼时，他正和陆珣讨论老师交代的论文。原本已结稿，老师也说没问题了，陆珣却总还有疑问。陆珣是学院院长的千金，许秋也不方便太过无礼。

等到陆珣终于不缠他了，子栎也等了好几个小时。

许秋同陆珣说要和朋友一处吃饭，陆珣接了句："正好我也没吃，一起吧。"

子栎大度地答应了。

许秋倒宁愿她小气一些。

10

吃饭时碍于陆珣在，许秋很多话都没问出口，原本清冷尴尬的氛围因为陆珣的一席话更为凝固。

"许秋，我爸说有两个出国交换的名额，正在考察年级优秀生。"

许秋原想说，那祝你成功，却因为陆珣下一句神色犹豫。

"去的是英国,老师说你心心念念想要申请的那所学校。"

"啊,那很好。"

子栎看出了他的犹豫,笑着:"许秋,很好的机会,要把握好啊。"

饭局就到了这里,子栎提前买了深夜的车票,回了学校。许秋很想告诉她,自己是很想去英国,但并不是非得去。如果她不是这副什么都无所谓的样子,如果她稍稍挽留……

夜里,许秋躺在床上,而子栎大概还在回程的车上,给他发了条短信:"不要再为我改变自己的决定,不值得。"许秋突然觉得很生气,把手机紧紧攥着,又重重地砸在枕头边,引得室友睡中嘟囔。

之后同子栎的话也越来越少,但他每天都翻看子栎的动态,看起来是过着平和的日子。似乎她永远都在那里,永远都是那副样子。那他暂时先离开她身边,以后再回来,也没有关系吧?

11

许秋开始做出国的准备,老师赞他表现优异,满足交换条件。他出国那天,给子栎发了短信,附上邮箱地址。

而那天,子栎在博客里发了一篇日志,配图是她与一群孩子的合照，寥寥几行配字。许秋当然看不到，他正奔赴前程。

虽同陆珣一起出国，去同一所高校，但他们的走向并不如陆珣所愿。在他生日那天，陆珣给他开了个派对，他感谢的同时，心思却一直在别处。

许秋始终没有收到子栎的祝福。

在庆祝会的尾声，他在露台边告诉陆珣，自己喜欢子栎好久，久到根本不可能忘记。

一年的交流时间很快就过去了，但许秋收到了老师的邮件。老师希望他们在英国多留几个月，和校方合作完成一个课题研究。

他忐忑地给子栎发了邮件，告诉她可能要在英国多待一些日子。

子栎竟很快地回复：多久？

他只能说未知。

课题结束时，他马不停蹄地赶回国，去她学校，却被告知她去支教。

许秋得知详细地址，赶往那个偏僻的村子。村里只有一所小学，学生也少之又少。他问校长，支教老师里是否有一个叫子栎的。老师说，已经回去了。

许秋有些疲惫，在村子里住了一晚。那晚他打开了许久不用的博客，看到了她仅剩的两篇日志。

一篇是她在这和学生的合照，旁边写道：这边的孩子都很爱游泳。碰到海水的时候,我就忽然想起你从前在泳池边看着我的模样。那大概是我今后坚持的理由。

另一篇,只有短短几句林宥嘉的歌词,但他简直烂熟于心。那是他和子栎的最爱。

翌日,他打算赶回子栎学校找她,毕竟始终联系不上,路过校门口却被一个小男孩儿拦住了。

"你是不是许秋?"

许秋蹲下来摸他的头,问他:"你怎么知道?"

小男孩儿笑得很甜,"我当然知道啦,子栎老师天天都会跟我说你的事情,还给我看你的照片。"

"她来这多久了?"

"有一年啦。"

"她过得开心吗?"

"我也不知道,但她每天都教我们游泳,前几个月还说要去参加比赛呢。"

"那挺好的。"

小男孩儿想到什么,犹豫道:"可是,她走之前又告诉我,她放弃了……她说没有理由了。"

"她还说了什么吗?"

"唔,她说要去找工作,不回学校了。以后别找她。"

他叹口气,把手机号留给小男孩。

"如果子栎老师还会来,给我打电话好吗?"

"嗯！哥哥加油啊。"小男孩儿眨眨眼。

12

许秋仍在找子栎，却始终找不到。她已经办了离校手续。

每次得知她可能在某一处，去了却都扑空。他有时觉得自己没有错。他分明是会回到她身边，他愿一直做她的依靠，作为她继续坚持的理由。可他有时，又十分明白，自己大错特错。是他给她肩膀，又要离开她，归期不定。

许秋好久没有见到子栎了，却常去她住过的地方。被她姑姑卖掉的老房子，她的学校，还有她爷爷的墓地。他总是抽时间去。已经不是在等候音讯，他也说不清是什么心理。

这天在梦中大哭一场，醒来后久难释怀，甚至更加难受。他多想回去她的世界，重来一次，陪着她苦尽甘来。

新租的房子隔音效果很不好，雨声纷纷扰扰，仍挡不住隔壁传来的歌声，节奏缓慢，却把他的心敲了个粉碎。是那首林宥嘉的歌，歌词便是子栎从前在博客中写过的："想说我没有志愿，也没有事情好消遣。有一个人能去爱，多珍贵。"

被遗忘的时光

马佳威

在那段如花似锦的高中岁月里，每到夏天，男生们都会穿着裤衩跑到一楼过"泼水节"，各种犯花痴的少女们则会趴在对面教学楼窗口看肌肉猛男，那时候诗清总是一阵惊呼，然后转过身喊我，北城，快看！那是她心仪已久的男生，是校篮球队成员，长得不是很帅，但是很高。我总是不屑地看着她，埋着头继续看书。

1

诗清是我高中时期的女同学，她有一张白皙温和的面孔，个子不高，干净的短发，是个爱笑的姑娘，说话的时候嗓门很大，但是很好听。她阳光自信的外表下，藏着一颗柔软而又脆弱的心。

初进高中，因为第一次住校，所以我都无法适应突如其来的快节奏生活。每次下午的课程结束，太阳落山了，窗外的热风吹到我的脸上，我就开始想家了。因为没有男性伙伴，所以我总是不去吃饭，一个人坐在教室里，听着校广播温婉柔情的声音，偷偷写着日记。想家，可是我没有家可以回，因为我的父母为了赚钱，外出打工，想着想着，突然鼻子一酸，泪湿眼底。诗清坐在我左边不远处，她看出了我的难过，然后走到我的身边，递给我一个面包，我惊讶地看着这个并不相熟的女生。"我看见你还没有吃晚饭呢！这个给你。"诗清看着我，露出了一个微笑。我使劲儿把眼泪憋回去，连声说谢谢，第一次在一个女生面前哭，怪不好意思的。

诗清拉我去逛操场，我们沿着红色的跑道走了一圈又一圈。我们也打开了话匣子，聊着自己的过去，以及未来漫长而又充满未知的生活。我看着天空中残留的霞光一点点地消失。诗清突然笑着对我说："可不许再难过了，我们是好朋友，你不孤单，你不是还有我吗？"

我的心被这个跟我同龄，却比我成熟坚强的女孩温暖了。我用余光看着诗清，她的眼神是如此的坚定，因为眼前这个阳光般的女孩，我的心稍稍有了安慰。我是个腼腆的男生，不擅于跟人打交道，所以总是觉得孤单，庆幸有诗清的陪伴，不然，要在这个学校待上三年，我可怎么办呀！

2

每次吃完晚饭回来,教室里都充满打闹的声音。那时候我有个室友,个子很矮小,有着一张娃娃脸,我们都称呼他为小学生。诗清坐在他的后面,所以对他照顾有加。我问过诗清,为什么对大家这么好。诗清的回答让我哈哈大笑。她告诉我:"看你们一个个笨手笨脚,那么脆弱,我就母爱泛滥了……"

我那个笨手笨脚的室友,一直在倒腾衣服上的纽扣,一边的诗清看不下去了,就嘲笑他:"你还真是笨蛋呀!过来,我帮你。"我看着诗清温柔地帮他理着衣服。那时候,我逆着光看着他们,这场景,宛如一幅画……诗清总是把自己当成一个大姐姐,照顾着身边的人,所以她也并不会因为与男生亲密接触而害羞。

一个月之后,我们迎来了第一次调座位,我被调到了第二排、中间的位置。

此时,我的前面就是诗清。这让我一度感谢上帝的安排,我和诗清真的很有缘,我们喜欢同一本书,有时候会在一个陌生的地方相遇。接下来的日子,我常常与诗清传纸条,下课吵吵闹闹,我会抓她的头发,她还会热心地辅导我功课。

自然而然,我和诗清成了很要好的朋友。

3

这样的日子直到高二文理分科才结束。我们都选择了文科，也许是照化弄人，我和诗清被分进了不同的班级。升高二的那个暑假，我们得知了这个不幸的消息。

我打电话半开玩笑地对诗清说："诗清，要是没有你我可怎么办呀！"

诗清在电话那头哈哈大笑："搞得我们像永别一样，我们不就是只隔了一个班级吗！"

学校就那么小，我们还是能够经常遇到，也可以一起散步。这样一想，心情倒是舒畅了很多。

最后诗清说："你可要加油哦，到时候可不要跟不上我的步伐。"

"一定，一定会超越你的。"我说。

至此，我们进入了不同的班级，都迎来了新的同学。偶尔我会在路上碰到诗清，她总是兴奋地朝我招手，笑得特别灿烂。

有次我的新同桌偷偷问我："她是不是你的女朋友呀？"

我惊讶地看着他说："为什么你会这么觉得呢？"

同桌说："她看你的眼神是那么温柔，每次看见你，都是那么开心，而且对你又那么好，你知道吗？好多男生都偷偷羡慕你呢！"

我被同桌这一席话惊呆了，然后又暗想："难道……诗清她真的喜欢我？"

有一次傍晚时分，我们漫步校园，那是如此美妙的时光，操场上有三三两两的人在扫落叶，有人围在一起聊天，开着玩笑。而我和诗清就这样走着走着，风从远方一遍遍地吹来，温柔地拍打我们的面颊。我们彼此什么都没有说，却觉得无比快乐。

我转过身问诗清："诗清，你……你是喜欢我吗？"

诗清愣了一下，然后朝我大吼："北城，你神经病呀！我们是好朋友，不是吗？"

我羞红了脸，原来，诗清并不喜欢我，都怪我自作多情！

4

三毛说，友情再深，缘分尽了，终成陌路。

青涩的青春情感总是呼啸而过，我和诗清也慢慢疏远，我看见她和那个篮球队队员走得越来越近。总有那么瞬间，我感到迷茫、悲伤、孤立无助。只是诗清再也没有出现在我的身边，哪怕我们只隔着薄薄的一堵墙，哪怕我们在人群里面相隔那么近，但是我们的心，却无法靠近。我再也得不到诗清那简单而温暖的安慰了，再也不会在没有吃饭的时候转过身看见她嘟着嘴生气的样子,也再也听不到她说,没关系,不要难过,我一直陪在你的身边。

我突然想起我生病的时候,强忍着疼痛,诗清知道后二话不说就拉上我去医务室;运动会的时候,我参加一千五百米赛跑,到终点的时候重重地扑进了诗清的怀里;我还记得我们常常传纸条,给每个老师取外号,奚落更年期的语文老师……这一切好像被遗忘在了时光里,转过身发现早已不见了。

高三时,我的成绩排名远远超过了诗清。我总是在文科班成绩排名中最先搜寻诗清的名字,但是她的名字总在最后几个。我也不明白这个一向努力的女生为何会一蹶不振。

有次路过诗清的教室时,我竟看到诗清趴在桌子上啜泣,我不免感到心痛。心想着也许她遭遇什么令人不愉快的事情了吧,那天下午我陷入了纠结中,不知道如何打破这层冰。后来我在楼梯拐角看见诗清,我叫住她问:"以后我们可以一起学习吗?"诗清没有说话,朝我点了点头。

从此,我们成立了一个留校学习小分队,在最后高考冲刺阶段,我们几乎每个周末都留在学校学习,并且制订了一套学习方案,我辅导他们数学题,他们帮我默写单词,整理文科类笔记。

我记得最后一个周末,那天下了很大很大的雨,但是傍晚的时候突然雨后天晴，通红通红地出现在操场上空，像失火了一般。这是暴雨之后的绚烂，但是对我们来说，这是暴风雨之前的美丽。我们几个人朝着操场跑去，踩着操场上的积水，然后朝着火烧云消逝的地方拼命呼喊，就像一群失控的疯子。我转过身看着诗清，霞光把她的眼睛映得红红的，眸子很亮。我说，我们一定要加油，一定要考上大学。

5

这一切光阴早已随风而去。这一年，我大三，现在又到了高考季，那些被时光遗忘的时光，又慢慢浮现在了我的脑海，像是有人在敲击我的窗台，有人在拨乱时光的琴弦，我想起了过去的自己，过去的我们，但是这一切都成了回忆。

我想起了诗清，高考之后，我们去了不同的地方，于是渐渐失去了联系。曾经我们依靠彼此，如今又各自流浪在人海，来不及感慨，一个又一个人的好朋友渐行渐远，一段又一段的故事飘忽而去，那种年少时的青涩情感也一去不复返。那时候，我们说过一起去云南大理，背着一只小竹筒，头上披着一块大丝巾，穿过在熙熙攘攘的街道，跟着卖菜的小贩讨价还价。会住在院子里种满鲜花的房子里，门前有一张桌子，桌边有一个藤椅，藤椅边伏着一只慵懒的猫……只是这一切都不可能实现。如果有一天，我们在人海里面相遇，最好我们什么都不说，就是这样擦肩而过吧！

夜深人静时，我还是静坐在台灯下，听蔡琴的《被遗忘的时光》，其实那些时光从未被我遗忘过，而是藏在某个记忆深处，每当高考季来临，都会触景伤情。我总是会想，不知道她现在过得如何，是否快乐。最后又告诉自己，过去的过不去的都会过去，不必留恋，不必追。有些人，有些事，深藏在记忆里，就已足够。

后来我收到过诗清写的一首诗：

> 那时候，我们一无所有。
> 天气好的时候，就散步林间，
> 每一处风光，都含着醉人的芬芳，
> 仿佛是不断重复的少年时光。
> 当梦醒来，
> 却已过了一生。
> 岁月的年轮依旧，
> 几经兜转，
> 却再也见不到你熟悉的面庞……

唯有时光听我说

夏南年

大概让他们彼此喜欢的是原本的相处模式，付出这件事啊，一旦被明码标价，就成了负担，可是林琛男发誓，岁月中那些姜燃带来的春光般美妙的事物，一想起，心里的快乐便万物生长起来。

记得当时年纪小

林琛男和姜燃的冤孽大概从他们光着屁股的时候就开始了，哦不，那时候哪能叫作冤孽啊，两个连字都写不出的小豆丁就是因为彼此才情窦初开。不要说小孩子哪有什么喜欢，喜欢的代名词就是对你好，而姜燃还加了一个字，只对林琛男好。

林琛男就像个被宠上了天的灰姑娘，在家里得不到的关怀,全都可以从姜燃那里得到。

林琛男的妈妈在这个重男轻女的家里,对自己这个女儿不算不上心,但也实在不能算上心,好在她和楼上的姜燃妈妈关系好得像亲生姐妹,从林琛男一年级时起,每天早上就塞给她两瓶巧克力牛奶和几元钱,亲亲她的额头,"乖,去二楼找姜燃一起上学。"

只是每次林琛男都不会告诉姜燃第二瓶巧克力奶是他的,她才舍不得给他,而且在姜燃垂涎的眼神下喝完真是幸福感爆棚啊。

姜燃也不听他妈妈的话,牵着林琛男的手一起去小学的路上,把自己的零花钱全都贡献给了各种各样漂亮的蝴蝶结,没有一分钱花在自己身上。

老师一起给他们发小红花,集齐七张虽然不能召唤龙珠,但也可以换一本故事书,那些绘本对于他们那个年纪来说可是很大一笔财富,于是姜燃努力让自己做到最好,作业第一个完成主动交给老师改啦、考试得班上第一名啦、春游时不乱丢垃圾还带着课本学习啦,三天两头就能换一本来,然后林琛男在姜燃的带领下装模作样花好几节课的时间交头接耳,看得不亦乐乎。

大概从那时候起,林琛男就习惯了被呵护的感觉,她可以不好,反正有姜燃帮她获得她想要的,不过这么说,似乎也委屈了林琛男,其实她也不是不上进的女生,更不是爱占便宜,林琛男提醒了姜燃很多次不用帮她做这做那，姜燃第一次听到还哭了，委屈地望着她眨巴着眼睛，金豆子就顺着毛茸茸的脸颊落了下来，林琛男扑哧一声乐了，她突然觉得，这样的姜燃既呆萌又好看。

时间一晃到了小升初的考试，学校有三分之一的学生可以考上市里最好的初中，那儿电子设备和教学水平一流，最关键的，那里可以实行好让学生学并玩着，还有三分之一可以直升初中，可是这里的标准是老师口中的学并快乐着。

姜燃兴冲冲找到林琛男，"我们就要去重点初中玩儿了！"

林琛男白了他一眼，"我觉得我比较适合去最差的那所学校。"

"为什么啊？"姜燃懵了。

想到才发的模拟考成绩，林琛男不高兴了，把气撒在姜燃身上，"考不上！"

对话结束的第二天，姜燃开始对林琛男进行魔鬼训练，其实他哪里舍得当魔鬼呢，计划上不是写着读半小时英语吗，林琛男读了十分钟就抱住了头，"你饶了我吧，我要去买可乐喝。"

姜燃头也不抬地从抽屉里摸索出一瓶没开的可乐扔给她，"那我来读，你听着啊。"好一台人工复读机啊。

好在小学的知识简单，林琛男被赶鸭子上架昏天黑地逼迫了整整两个半月，顺利和姜燃一起考上了重点，在家查到结果后，林琛男简直要放炮了，连一向生疏的爸爸也答应带她去旅行一大趟。

"带上姜燃？我能考上全靠他的逼迫。"林琛男瞪着爸爸，高兴头上的林爸一口答应，林琛男高兴坏了，嗖地一下跑上楼敲姜燃家的门，就听到里面传来姜燃被甩巴掌的声音还有姜妈的大嗓门，"你怎么没去参加实验班的考试？你天天脑子里装的都是什么？帮林琛男那坏丫头讲题目比上实验班还重要？"

林琛男收回了手，刚想离开就看到破门而出成功逃跑的姜燃，姜燃拽着她一路跑到小区门口才敢大喘气，林琛男突然不知道该说什么了。

两个人对视了半晌，姜燃拍拍她的头，"你都听到了？"

林琛男使劲儿点头，突然眼泪汪汪地望着姜燃。

"其实不是因为你啦，我就是随便找个理由不去考试，我那么聪明，在哪里学都一样的，实验班老师都是母夜叉，太吓人了。走吧，庆祝我们又可以一起祸害世界了。"姜燃一如既往拉起林琛男的手招摇过市，林琛男突然就红了脸，大骗子，她明明听妈妈说姜燃告诉姜妈他特别崇拜实验班那个物理超级厉害的班主任。

就这么看你，用所有的眼睛和所有的距离

如他们所愿，姜燃和林琛男在初中成了同班同学，老师真的很好，允许他们自由坐座位，姜燃抱着大书包就坐在林琛男旁边，两个人的位子靠窗，林琛男悄悄一转头，就能看到温婉的日光洒在姜燃好看的侧脸上，连浅浅的绒毛都亮晶晶的，背景是开满了粉花的刺桐树。

宠一个人是习惯，在新的环境里，姜燃依旧把最好的都给林琛男，林琛男也终于找到了自己喜欢的事情——跑图书馆。

没有狗血的桥段，林琛男去图书馆可不是看哪个帅气的男生，她真的喜欢上了看小说这件事，看多了自然而然会想写，反正不爱学习，林琛男一不做二不休，买了厚厚的本子写故事，各种各样的，分别的、相聚的……她沉浸在其中久久不能自拔。

于是林琛男的成绩更是一落千丈了，但是有句话不是说，甲处短少的，乙处会加长吗，林琛男主动出击那些和她一样喜欢泡在图书馆里的同学，自己创了一个自由散漫的文学社，出社刊集体采风，办得风生水起，名扬全校，就连班主任也对她笑眯眯地夸奖，"社团办得很不错，要是学习能加把劲儿就更好了。"

重点初中的老师连说话都是带笑的，林琛男有些感激

姜燃了，听直升的好友说，初中部的老师简直是魔鬼的化身，从初一就开始念叨，"初二很快就到了然后就是初三了，"现在初二的话直接变成，"初三已经到了中考还远吗？"

可是林琛男觉得，自己也要辜负姜燃了，她可以做很多事，唯独学习，总是像小马拉大车一样吃力，不，简直是会被车拽着走，她只有更加努力地写故事，当第一篇故事刊登在杂志上时，林琛男在心里做了一个重大的决定。

期末考结束后，初二算是真真正正地结束了，林琛男心血来潮要看电影，正巧有家私人影院在重映《星空》，林琛男看得心花怒放。

姜燃已经不是几年前因为林琛男一句话就鼻涕眼泪一大把的小正太了，他们像是调了个性格，林琛男倒是看着看着就哭了，拽过姜燃的袖子擦眼泪，趁机靠在了他身上。

林琛男的小心思被姜燃放在了心上，姜燃的眼底飘过微微星光般灿烂的光芒，电影不算是好结局，但也不太坏，姜燃等林琛男平复好情绪，很平静地望着远方日落时分的晚霞，"在一起？"

"好。"林琛男望了一眼高昂着头的姜燃，看到他脸红脖子粗的样子，笑得无比欢畅，其实她没有太多惊讶的，本来她就已经在心里做好了决定，总有一个人要主动，他们本身就是水到渠成的事情。

路边卖甜甜圈的小店里传来宋冬野的歌，就这么看你，用所有的眼睛和所有的距离，悠悠的、慢慢的，林琛男觉得无比美好，真的啊，只是看姜燃一眼，心里就万物生长起来。

林琛男和姜燃的生活并没有因为这一点甜蜜的小插曲而改变，初三后，林琛男继续写她的故事，带着新社长一点点把文学社发扬光大，姜燃依旧是乖乖坐在教室里拼命学习，有时他也会抱怨两个人待在一起的时间少，但也只是随口说说而已，青梅竹马唯一的好处，就是两个人俨然是生活在一起的喜欢，没有青春期的怀疑，也不会节外生枝。

只是林琛男偶尔夜深人静时也会想一些事情，幸福是两双眼睛看一个未来，可是她和姜燃的路，分岔似乎越来越厉害，比如姜燃在班里学习时，她正带着文学社参加市里甚至省的社团评选活动，骄傲地站在几百人面前说自己的梦想和努力。

就像云聚了，云又去

这样相安无事又度过了一学期，中考终于被摆上了日程，谁也不能再吊儿郎当地过日子了，就连班主任，也找来林琛男，问她是不是愿意把社团的事情放一放，林琛男咬咬牙，最后还是摇了摇头。

她的想法很简单，她能做好的事情就一定要尽力去做，更何况这也是她最喜欢的事情。姜燃支持她，她自己也高兴，可是她没想到姜燃会变了卦。

距离中考还有半学期的时候，几所学校联合正式举行了一次摸底考试，还给每个学生按名次划分了能上的几所高中，姜燃看到林琛男的成绩时脸色突然就黑了，他有些气急败坏地指着她写小说的本子，"你天天都在干什么？怎么会差成这个样子？"

是的，班里有十个人是指定了一所学习，姜燃被认定一定能上最顶尖的高中。林琛男虽然是剩下九个里成绩最好的，但一样被认定只能上最普通的学校。

林琛男意外地看着姜燃收走了她所有的本子和小说，还有可以借书的学生证，"从今天开始，必须全力以赴学习，不然你考不上重点的。"

林琛男理所当然地不高兴，小声嘟囔："我又不是一定要上重点。"

没想到姜燃噌的就火了，直接撕掉了她桌子上的两张纸，"你就从来都不愿意为我考虑一点吗？我没去实验班还不是为了你吗，你知道我妈因为这事念叨了整整三年了吗？"

林琛男呆住了，其实她怎么可能不知道，因为她，姜妈和她妈妈的关系都疏远了，有时能听见姜燃被骂的声音，有时能听到姜妈不停地数着那些实验班的学生可以获得多让人骄傲的奖项，有时甚至能听见姜妈站在楼梯口指桑骂槐。

但姜燃撕碎了那两张纸，就像推倒了她整个梦幻的美好。林琛男不想吵架，默默地收拾好东西往家走，路边的野草丛里开满了晶莹彩色的碎花，像画师打乱了油画盘，她的心里却特别不是滋味。

每走一步都像是有酸涩流淌过心尖，不想哭，却真的无比难受。她突然明白，无论如何，她也不可能在一个地方和姜燃比肩。

晚上，姜燃抱着一大摞习题来找林琛男，林琛男让妈妈谎称自己不在家，不知道为什么，她突然不知道该怎样面对姜燃了，姜燃为了她放弃的，好像是她无论如何也偿还不了的。

十点半，家里的门又一次被敲响了，林琛男像没事人一样打开门，姜燃熟练地坐在她身边，带着她练习，姜燃说一点林琛男就记一点，两个人都默契无比地，没有再提上午的争执。

连续四十天，林琛男做了近一百套的试卷，可是成绩上升得寥寥无几，姜燃着急得要命，拿着分数单欲言又止，林琛男溜出去给好友打电话，路边的凉风吹起她的发丝……

林琛男听到好友的声音时，突然就哭了，原本每个周末她们都会约着在一起的，这一个多月周末被姜燃关在家里，林琛男觉得自己简直要发霉了。

"你怎么想的告诉他呀。"好友理所应当地说。

"不行的，他为了我浪费了那么多机会和时间，我不听他的话也太没有良心了，更何况我无以为报。可是这样下去我觉得生活被搅得一团糟，我又没有办法改变它。"林琛男语无伦次起来，停顿了一下补充道，"我跟你说个绝对有用的经验，男神是用来仰望的，即使他和你从小一起长大。"

林琛男靠在墙角说话，对跟出来近在咫尺的姜燃毫无察觉，所以也不会知道，姜燃为什么突然把她的借书证还给了她，她疑惑地望着他，不敢伸手，"你葫芦里卖的到底是什么药啊？"

姜燃不回答她，自顾自傻笑，拍拍她的头，"你做你喜欢的事好了，我突然不想勉强你了，好像这样只会适得其反。"

林琛男心里的抱怨在一刹那间烟消云散，她想啊，天空还是很晴朗澄澈的，姜燃和她都没有变。

林琛男是写故事的女生，她有一半的世界只有她自己，她觉得两个人要想长久一定要有各自明确的方向才不会被彼此影响，而她却忘了问姜燃，他到底是怎样想的。

不管怎么说，在中考日日紧逼的情况下，林琛男还是收敛起了一大半的心思，初中的课本还算简单，有教材，有姜燃，林琛男觉得自己走遍天下都不怕，心放在上面，成绩竟然一点点提升了起来，林琛男突然就有了学下去的动力。

好在不论林琛男学到多晚，姜燃都会陪着她，有时候她累了，就点点姜燃的下巴，给我唱首歌听吧，姜燃就开口唱《万物生长》，温厚的声音清晰地咬着唱词，"就像风住了，风又起，淡淡地、慢慢地、轻轻地看你。淡淡地、慢慢地、轻轻地看你……"反复的歌词，月光有时候会落在窗檐上，林琛男侧着脸看姜燃专注的眼神，惊觉美如画。

这样美妙的日子，好像任何人都不会打扰到他们。

而我想要势均力敌的美梦

中考完的那天，林琛男大叫着"暑假要解放一下喽"去找姜燃，却一直觉得他有些心不在焉，可能是太紧张了吧，林琛男也没多想，姜燃啊，就是把成绩看得太重要了，像她这样不好吗？轻轻松松的，而且中考发挥挺不错，顶尖重点是考不上，次一点的应该没问题。

于是姜燃就跟着林琛男的没问题，和她报了一所学校。

看到录取大表格的那天，林琛男呆呆地望了姜燃良久，两个人站在那里对视着，谁也不知道该怎么缓解这一刻的尴尬，林琛男终于明白，原来姜燃把学生证还给她的那一刻起，就已经做好了心理准备。

"你怎么不跟我商量一下呢？"林琛男突然叫起来，"以后呢？我考不上好的高中你跟着报差的，我考不上好大学，你也跟着我上？还是你觉得你这么做很伟大，我肯定会受不了良心折磨，为了你痛改前非努力学习？我该感激你吗？"

姜燃不可置信地瞪着林琛男，半响，扔下一句"简直不可理喻"，转身走了。

林琛男看着他挺拔的背影，眼泪毫无察觉地落下来，她现在才明白，姜燃想要的是平淡安稳的未来，而她稀罕的，是势均力敌的喜欢。

"我们这样不好吗？我写的故事有越来越多人喜欢了，你的成绩一直是你家里人的骄傲，你做了那么多牺牲，我承受不起的。"林琛男喃喃自语。

姜燃和林琛男在这么自在的长假里，独守着自己的小地方，交集少到两家的妈妈都重归于好了，姜妈已经坦然接受了这样的儿子，林妈则是从来都没有觉得这样有什么不妥过。她们讲了半天也猜不出到底出了什么问题，于是一起回家把他们逼出来重归于好，林妈还塞给林琛男两百块钱，"一起出去走走，闷在家里等发霉啊？"

两个人一直走到第二栋楼家长看不见的地方才停下来，站了一会儿，谁也找不到什么话题。

林琛男的大脑在飞速旋转着，说说新看的小说？算了，姜燃肯定连书名都还没看过，聊学习？自己压根没怎么学习，有什么好聊的啊。她突然发现，他们之间，竟然已经到了这种举步维艰的地步。

姜燃支吾着问，"这几天怎么样？"

"不错啊，你知道我在想什么吧？"林琛男突然下定了决心。

"嗯？"

"我们还是回到以前那样的关系吧。我不说对不起，因为你的牺牲和付出都给我们带来了很多快乐，可是在一起好像真的和充电器手机一样，也要合适才行呢。"林琛男苦恼地皱着眉。

"好。不过都出来了，要不要去疯狂一下？"姜燃的语气一下子轻松起来，林琛男笑了，他应该也已经忍了很久吧。

"可是，我还有一篇故事没写完呢。"林琛男看了眼手机，"我去好友家用电脑，帮你订张电影票，你以前说过上映了一定去看的电影昨天首映哎。"

连分开都是那么自然的事情，姜燃笑了，然后两个人分道扬镳。

其实也不是立刻就走散了的，林琛男这个感情充沛的爱哭鬼从转头的那一瞬间就哭了，于是她低着头拼命地往前走，姜燃就一直望着她决绝的背影红了眼眶。等林琛男擦干了眼泪再回头时，看到的只是那抹曾经深爱的熟悉背影终于消失在人海。

他们还会再相遇啊，毕竟住楼上楼下，高中也在一个学校，只是一个肯定是实验班，一个是普通班，他们兜兜转转绕在彼此身边那么久，现在两个人的心里都像涂上了一抹空白。

林琛男悄悄放在姜燃家的邮箱里一本杂志，还伪造成了样刊的那样，那天被他撕碎的两张纸，其实她不心疼，包里当然就有印成了铅字的样刊，但是那是给他的礼物啊，那天她多想拿着样刊的原稿开玩笑，"给你，等以后我出名了，说不定可以卖个好价钱。"却被不知情的他轻易撕碎。

余生多指教的话是没办法说出口了，但是还是能平和地祝你幸福，林琛男想，我们是和平地分开啊，遇见的时候，还是可以问有没有吃过早饭这样的问题吧？

信笺燃烧的时光长不过一首歌

似曾相识燕归来

冯 瑜

1

徐浩说自己是刚来的实习英语老师时,祝贺差点儿叫出声来。

天啊!这个不是出现在少女漫画签售会场的怪叔叔吗?

上个周末,祝贺去参加少女漫画家小夏的签售会,在签售会开始之前有一场半小时的演讲,由于小夏的名气很大,祝贺一大早就赶到了会场,好不容易在边上找到一个座位时,发现身边坐着一个大叔。

说是大叔一点儿也不过分,虽然徐浩研究生还没有毕业,但头上已经有了少许白发,没有好好打理的头发略长，在麦子色的皮肤映衬下，不禁让人联想到在路边卖麻辣烫的大叔。徐浩当然也知道这一点，中学的时候他就经常被当作学生的家长，要求出示学生证。本科和读研的时候则被误认为是老师。因此面对祝贺飘过来的余光，他只是耸耸肩，做出一副无所谓的样子。

事实上也确实习以为常了。

但在祝贺看来，这一切都是让人不自在的：一个大叔居然喜欢少女漫画！想想就别扭。

可她想换一个座位的时候，发现周围已经座无虚席了。或许，人家是工作人员呢？祝贺这样安慰自己。可是，旁边的大叔丝毫没有"工作人员"的样子，观众提问环节的时候还举手发言了！

只见他拿着漫画站起来，翻开了某一页问道："您好，请问第三十页中，女生为了喜欢的男生去几条街之外的地方买红豆糖水的情节是真实的吗？这样的事不应该是男孩为女孩做的才对吗？"

小夏一愣，不好意思地笑笑，沉默了一阵儿才说："这是发生在我身上的真实过往，可是，那个男生不喜欢我。他甚至都不明白我为什么要跑那么远给他买红豆糖水。"

"谢谢！"徐浩坐了下来。

在这整个过程里，祝贺一直肆无忌惮地盯着徐浩瞧，就连那稍纵即逝的失落，也被她收入眼底。

直到抱着签好名的漫画书走出会场，祝贺都觉得徐浩是一个莫名其妙的大叔。

现在好了，这样的人居然是自己的英语老师！

真希望他不会注意到自己。

可是，下课的时候，徐浩收拾好教案后便拦住了祝贺，开心地笑道："我在周末的签售会上见过你！"丝毫不管祝贺脸上已经挂满黑线。

2

没想到这样的怪叔叔倒是挺受班上同学喜爱的。

虽然是一位英语老师，但他的古诗文一点儿也不亚于语文老师，随口说出一两句诗词是常有的事情，解释enjoy的时候，他就来了一句："这个词用古人的话来说就是：有朋自远方来，不亦乐乎。"

有大胆的男生提问道："谈恋爱的时候不也挺享受的吗？"

徐浩哈哈一笑，说："那得'身无彩凤双飞翼，心有灵犀一点通'才行。"

那男生又问："心有灵犀没有通怎么办？"

徐浩一愣，脸上又露出了那天向小夏提问时的失落神情，淡淡地说："只要不是'同行十二年，不知木兰是女郎'就成……"

男生还是不依不饶："为什么不是'山有木兮木有枝，心悦君兮君不知'？"

这回徐浩不干了："你真烦！"

一堂课下来，大家嘻嘻哈哈了一阵，下课铃声很快就响起了。类似的事情发生了几回以后，班上喜欢听徐浩课的人多了起来，就连一贯对英语没有兴趣的祝贺也开始做起笔记来。

可奇怪的是，有好几次当徐浩带着笑容走出教室，没多久脸上的笑容便被愁容取代，久久不能散去。

最先注意到这点的不是祝贺，而是那个喜欢在英语课上搞破坏的男生，他叫杨艺，人如其名，是一个多才多艺的男孩子，学习成绩好不说，还画得一手好水粉画。作为从小一起长大的男闺密，杨艺最大的一个爱好就是把八卦来的东西分享给祝贺。

比如徐浩脸上奇怪的表情。

出于一种"你不告诉我，我就自己找答案"的好奇宝宝心态，杨艺用了一整套少女漫画换来祝贺的同行。而所谓的同行，就是放学后跟踪徐浩，看看他有什么烦心事。

祝贺对此很不解，但她对少女漫画可没有一点儿抵抗力。临行时只是问了一句："知道之后呢？你要干啥？"杨艺做思考状，"大概……不怎么办吧？我就是……闲！"祝贺不再多言，反正她也挺闲的。

杨艺是说干就干的人，当天放学以后就跟在徐浩身后走出了校门。可是，徐浩提着食堂的饭菜走进隔壁的教职工小区之后就再也没有出来。同样的事情连续发生了一个星期以后，祝贺失去了耐心。但杨艺的热情依旧高涨，还答应多给她送一套绝版漫画书作为事后酬谢。

"那我们要跟踪到什么时候啊？"祝贺闷闷地问道。

"说不定今天就有戏了。"杨艺神秘一笑。

果不其然，这一天，徐浩没有去饭堂就直接回到了宿舍，没过一会儿就穿着西装提着一个礼品袋出来，按照少女漫画的设定，他是要去约会。

可是，少女漫画和现实还是有距离的，比如说，徐浩的确在一家公司门口站住了脚步，等来了一个女生，但他递过去的礼品袋被女生拦回去了，两个人说了一会儿话，女生就踩着高跟鞋走掉了，把徐浩留在公司大门口，目送她远去的身影，默默叹息。

杨艺说："原来是追女神被拒绝啊……"

祝贺揉着额头想了想，一惊："那个女生不是你姐吗？"

这一回轮到杨艺大呼了："我没说不是啊！"

其实杨艺就是想知道徐浩是不是喜欢自家亲姐，才去跟踪他的，可是一个男的跟踪另一个男的，实在太奇怪了，于是拉上祝贺同行。

两个人一激动，声音一下子提了起来，徐浩转过头看向他们时，三人的脸都白了。

3

有一个男生,苦苦追求女神未果,于是一头钻进工作里,希望把她忘记,结果一旦在工作中"清醒过来",便又陷入了苦苦的思念里。

这个男生叫徐浩,女神叫杨美。

很多人说名字是父母对子女的期盼,如今看来,杨家人对两个孩子的期许都实现了,杨美姐姐从小就是一个美人坯子,喜欢她的人从来没有断过。很多人都说,喜欢看少女漫画的杨美就是从漫画中走出来的女子。或许是受了她的影响,祝贺也是从小就爱看少女漫画的人。

如今看到徐浩苦瓜似的面容,她不禁脑补了各种各样的漫画桥段,在故事里,公主不是跟青蛙一块,就是和野兽跑了。

徐浩有些不高兴:"我不是青蛙,也不是野兽,我是你老师!"

杨艺说:"那你想和公主在一起吗?虽然你显得老了点儿,但我也不介意你当我姐夫。"

两个人都以为徐浩会给予肯定的答复,可他沉默了。

杨艺一看,急了:"我和你可没有心有灵犀啊,你说话呀!"

徐浩说:"万事皆收胸腹内,一切尽在不言中。"

语毕，默然离去，留下两个人大眼瞪小眼，一脸莫名其妙。

4

在往后的日子里，徐浩一如既往地一边教英语一边口吐古诗词，那种失落的神情依然会不时地露出，并且被祝贺抓住。可是当她把自己的小发现告诉杨艺时，后者只是说这是大人们的事情，不要多管闲事。

学期结束的前一个星期，徐浩把带有小夏签名的漫画书递给祝贺，让她帮忙转交给杨美。

"你自己送吧。"

"那天她生日你不是看见我送了吗？她没收啊！"

祝贺"哦"了一声，不知道怎么回答。

祝贺按照徐浩的嘱托把漫画送到杨美家时，杨美淡淡地说了一句"扔了吧，我不要"，全然不顾祝贺脸上的诧异。

多可惜啊，那可是排了很久的队才买到的，而且他买的是限量版，比祝贺家里那套普通版贵了三倍多呢。

祝贺不明白为什么杨美要拒绝徐浩的心意，她只觉得那份心意和思念是旁人都能看出来的，尽管少女漫画中这样的男生只能当男二号，可是，杨美身边并没有男一号啊，更何况，杨美连让他当男二号的机会都不给。

祝贺不懂的问题会去请教杨艺，可杨艺也不晓得，他们都没有喜欢过一个人，他们不知道这是怎样一种感觉。

　　可是徐浩懂，杨美也知道。

　　那套漫画里夹了一张小纸条，说：

　　那天你拿着漫画告诉我，小夏是个傻女孩，竟然跑大老远给一个不爱自己的男孩儿买红豆糖水，当时我正吃着你给我买的豆腐花，说这不过是漫画的情节，是小夏瞎编的，后来我去了她的签售会才知道，这一切都是真的。原来喜欢一个人是可以为他做很多事情的，哪怕事后和旁人都觉得这些事很傻，比如，你给我买豆腐花，比如，我去参加少女漫画签售会时被小姑娘们用奇怪的目光盯着看。

　　可是，我喜欢你啊！

　　只是，我不知道你会不会像当年那样喜欢我？

　　末尾还有一句诗：衣带渐宽终不悔，为伊消得人憔悴。

　　或许是少女漫画看多了，祝贺觉得这一切让她十分感动，于是软硬兼施地让杨美看了纸条，可是，读完这些内容以后，杨美只拿了一张便利贴草草地写下一句诗递了过去，说是给徐浩的回复。

5

　　徐浩看完纸条后，轻轻地笑了笑，长长地叹了一口气。

上面的文字祝贺看过，那里写着：

无可奈何花落去。

祝贺没有谈过恋爱，也没有喜欢过一个人，她不懂这是怎么一回事。

"老师，我不懂爱情，你能告诉我这是怎么一回事吗？"她怯生生地问道。

"这两句的下文是：似曾相识燕归来，小园香径独徘徊。翻译成白话文就是她要告诉我：我喜欢你的时候你不喜欢我，你发现你喜欢我的时候，我已经不喜欢你了，所以我们不能在一起，用英文来表达就是：missed。懂吗？"

祝贺似懂非懂地点点头。

徐浩不再说什么，他知道她总有一天会明白。哪怕在这个过程中，她可能会伤害到自己或者别人。

一如当年，他和杨美那样。

信笺燃烧的时光长不过一首歌

Z姑娘

时间是带走青春的电车

愿意翻越一千座山脉去见你,也愿意后退一百步离开你。

苏诺已经有点记不清和周梓嘉走过很多次的那条老街原有的样子了,只是假期里某天从繁重的功课里猛然抬起头,想到半月有余没有经过就散心去那里时,愣愣地站在拆得乱七八糟的景象前,不知道该说什么。

她掏出手机给周梓嘉黯淡的头像发消息,于是时光乘虚而入,像又一年冬日里,飘落的最后的枫叶。

偶尔丢失的彩色化作了粉末

小城里,苏诺最喜欢老城区,不然当初也不会一意孤行用重点高中的分数跑去普通的市一中。

为了苏诺上学方便,全家从新城区宽敞又漂亮的大房子里搬回了那个灰不溜丢第一层遍布了网吧的老房子,全家人脸上都是阴霾,只有苏诺不在乎。

老房子的窗户没按防盗窗,可以把脑袋探出去很远,看到楼下摆摊的阿婆阿婶讨价还价,再往下使劲儿伸头,能看到三楼平台上简陋的自制篮球架,两根拖把棍子用很大胶带结结实实地裹住,上面摆了个敲变形又砸出一个洞的大簸箕,要不是看到楼下有人打篮球,苏诺才想不出那是什么鬼东西。

可是就是这个篮球架,格外受小区里跟她差不多大的男生欢迎。

楼下的阿婆也喜欢那里,苏诺看得出,是她一个人太寂寞了。暑假过去一半的时候,苏诺渐渐习惯了这样的画面,几个男生在楼下挥汗如雨,阿婆坐在不远处,时不时瘪着嗓子叫一声好,自顾自乐得自在。到了黄昏时分,这里可以看到特别美的火烧云。

又一个周五,苏诺准时守在窗边,阿妈又在招待远房亲戚。

"诺诺成绩那么好，考上重点了吧？"

"哎，来喝茶。她没上那个学校。"

"没考上？花钱上啊，你家新房子不就在重点旁边吗？"

"不是没考上，分数超了几十分，但也不知道她哪根筋搭错了，偷偷改了志愿，只报了一中。"阿妈的声音里带着怨气。

"哈哈，是吗？这样啊，小孩子哪能由着她。"

脾气再好，听着那个亲戚奇怪的语气，也想端起一杯水泼到他脸上，苏诺愤愤地看着楼下一群男生争篮球，突然篮球在空中划过一道弧线，直直地砸在了邻居阿婆白花花的头发上，阿婆连人带板凳应声倒地。楼下一片喧哗。

苏诺在脑海中回放了一遍经过，下意识地飞奔下楼，对着一群已经不知所措的男生指挥，"你，去把阿婆背到楼下。"

"你去打120。"

阿婆被诊断成轻微脑震荡，阿婆没有家人，醒来后一直郁郁寡欢，对守在床前的苏诺说："把砸到我的那个男生叫来，我要听他道歉，还要让他这段时间陪着我。"

苏诺为难了，阿婆叹了口气。

几天后，阿婆回家休养，把那天打球的五个男生叫到一起，这次阿婆是真生气了，"你们连道歉都不愿意，那我的医药费，必须由你们出。"

几千块在他们眼里可不是个小数目，几个男生推脱着想跑，苏诺站在旁边，"不让你们赔钱也可以，谁最后扔的球谁自己清楚。"还是没人承认，阿婆气得差点晕倒，五个男生突然拔腿就跑。

苏诺抬起头就喊，"蓝色短袖衬衫的男生，你过来！"阿婆年轻时是老师，和阿妈一样，苏诺想，她大概知道阿婆最想要的是什么。

四个男生一起回头，蓝衬衫的男生只得硬着头皮回去，那天正好是一中报名的日子，苏诺拽过男生还没来得及摘掉的新校牌，"周梓嘉是吧？我亲眼看见最后是你把篮球砸过去的，想抵赖吗？"

男生面红耳赤，"你……你怎么知道不是你看错了。"

"是不是你心里清楚，你现在只要道个歉。"

"你不要血口喷人。"

"现在你要赔付全部的医疗费了。"苏诺掏出手机，直接拨通了周梓嘉爸爸的电话，老房子是单位分配的，苏诺早就从阿爸那里要来了电话号码以防万一。

周梓嘉顿时变了脸色，敢怒不敢言地转头就走。

苏诺看着周梓嘉挺拔矫健的身影狼狈地远去，失望地叹了口气，"一中的学生不会真得连人品都差吧。"之后原本定下的军训计划因为天气太热，省里下达了禁止文件而暂停，苏诺继续百无聊赖地站在窗口，找到周梓嘉的身影然后不屑地唾弃一口。

与其误会一场，也要不负勇往

从家往东直走，再拐个弯就能看见学校的大门了，这一路上，满满的都是小摊小铺，不过卖的都是阿妈喜欢的食品，一中左右两边一直延伸到第二条马路的老街，才真正是学生的天下。

成排的书店堆满了盗版书籍和过期刊，杂志的玻璃纸反射着阳光，四处弥漫着炸货的香气，夹伴奶茶和果汁新鲜浓郁的香甜，还有烤串的大爷不论多冷的天都把烟雾扇得四处逃窜。

阿妈每次走到这条街上都皱着眉头加大抱怨声，"这是人待的地方吗？脏乱差，能学出来什么名堂。"

"早上买早餐还方便呢。"苏诺辩解，她就是喜欢这种热气腾腾的市井气息，而这里总是在新学期开学的时候越发繁华。

美中不足的是，新学期的第一天，阿妈赌气不来送她，苏诺津津有味地喝着豆浆吃着黑糯米卷往学校溜达，还没吃完一半就冷不丁被上课铃声打断，苏诺一下慌了神。

"啪"的一声，在苏诺迟疑的那一瞬间，从身后飞来一个巨大且重的东西，苏诺感觉被撞得猛地一晕，手里的卷直直飞到了一件西装上，然后整个人重重地砸在地上。

苏诺从没想到自己会这么倒霉过，坐在教室里，刚才的西装拿来了棉签和红药水，苏诺又疼又委屈，哭个不停，第一天就把黏糊糊的东西扔在了班主任身上，苏诺泪眼蒙眬中，转身恨恨地瞪着罪魁祸首。

周梓嘉懒洋洋地站在座位旁，"虽然我俩算是扯平了，但是我还是得跟你说一句，今天这事儿真的对不起，可是你要提前几分钟到教室……"

苏诺终于忍无可忍，"我什么时候到教室关你什么事儿，撞到我你有理了？砸伤了阿婆不承认是我的错？"

周梓嘉从身后一把捂住苏诺的嘴巴，"这么丢人的事求你别说了。"周梓嘉的手凉凉的，清晰的骨棱带着坚硬的力量，把苏诺半揽到了怀里，旁边有男生吹起了口哨。

西装班主任姓安，看了眼名次表，指挥苏诺当班长，让她分配同学把乱得一塌糊涂的教室打扫干净，半个小时后学校要来检查，转身潇洒地离开了。

苏诺捂着受伤的膝盖，望着乱哄哄谁都不认识的教室，急得有点失态，周梓嘉突然跳上了讲台，把教棍狠狠砸在讲台上，"都给我安静！第一组扫地，第二组擦墙，第三组拖地……十分钟之后我检查，没干好的明天你试试还能不能进得来这间教室。"

全班安静了一秒后，每个人都不情不愿地起身，苏诺目瞪口呆地望着周梓嘉，看他傻兮兮地比画了一个V，然后尽管在极力掩饰，还是有点一瘸一拐地走下讲台。

苏诺犹豫了一下，"你的腿怎么了？"

"没事儿，昨天下午打球的时候磕了一下。"

苏诺皱了皱眉头，昨天那场四个人的球赛无聊透顶，她坚持看到最后也没找到他的影子，天快黑了才看到他被他爸推搡着的身影，果然是个骗子。

可是整个班，最后只有周梓嘉陪苏诺等到了卫生部检查完教室。

"喂，你叫苏诺是吧。"苏诺走到学校门口的时候，身后传来车铃声。

老式的旧自行车格外大，周梓嘉却站着踩脚蹬，骑得东倒西歪，"你是不是不喜欢吊儿郎当满嘴跑火车的男生？"

"是又怎么样？"苏诺莫名其妙。

"我从前就是这样的男生，但从现在开始就不是了。"周梓嘉还是拽着苏诺的衣服。

"关我什么事啊。"苏诺不耐烦。

"苏诺，既然我不是你讨厌的男生了，那我们在一起吧。"

苏诺正要发飙，周梓嘉说："我再也不骗你了，我昨天被我爸打惨了，我把我的压岁钱全都赔给阿婆了。"

"嗯，还有点良心。"苏诺转身要走。

"苏诺，我答应阿婆每天放学去陪她，你跟我一起吧,我知道你喜欢。"周梓嘉的语气无比肯定,苏诺下意识地点点头答应了。

于是周梓嘉诗朗诵般地说:"那等会阿婆家见,喜欢站在窗口的女生。"

说实话,那一刻苏诺觉得周梓嘉的样子傻透了,让她有种别过脸假装不认识他的冲动,可是回去的路上,苏诺发现自己始终抑制不住嘴角的笑。

苏诺第一次见到那么会做家务的男生,周梓嘉说:"就算你不打电话,我也会这样,但我就是不想在当时站出来,太丢人了。"

"是吗?"苏诺说才不信他的鬼话连篇,可是心里,明明信了。

有人问起,就说已忘记

苏诺没有和周梓嘉在一起,周梓嘉心甘情愿地陪她走了很多趟老街,考试考差的时候、和周梓嘉吵架的日子、阿妈在家里找事情数落她的时候。

连书店老板娘都认识他们了,那天苏诺在书店里等值日的周梓嘉,老板娘闲来无事,"看看有没有什么想要的?今天你的小男票怎么没来?"

"他不是!"苏诺急了。

"我们都懂。"老板娘哈哈大笑。

苏诺不辩解了，流言蜚语从来都不是空穴来风，友达以上，恋人未满，甜蜜心烦，愉悦混乱。只是她总觉得，他们之间差了那么一点儿火候，仅仅那么一点儿，就盖不过她对他初次差极了的印象，盖不过他们之间的差距。

十六岁的女生总归又对未来有一丝期待，但她没想到，煽风点火的人是阿妈。

本就容易受别人的话左右的阿妈有天不太舒服，就请了假在三楼平台和邻居聊天，不知道是谁嗑着瓜子眉飞色舞地说，"哎，你家苏诺是不是和那个没人问的周家小孩走得太近了？可得让她注意一下，听说苏诺进校成绩是年级第一呢，这样下去，马上的期末考试成绩不保啊。"

"我也看到过，两个人亲亲密密、有说有笑的，放了学不回家，给一楼那个阿婆收拾屋子。"又有人提着菜添油加醋。

阿妈稳了稳情绪，"苏诺不会的，她虽然任性，但是什么时候该干什么事还是知道的。"其实阿妈心里早就乱成了粥，她理理衣服，"我该去买菜了。"一转身就等在了学校门口。

苏诺笑得眉飞色舞，手里攥着周梓嘉新给她买的杂志时转头看到了阿妈，一抹笑容凝固在了嘴边。

阿妈什么都没说，默默地死死拽着苏诺的手腕回家，苏诺的手被勒出了一道印子。

阿妈什么都不问，也不给苏诺辩解的机会，只是每天铁青着脸站在学校门口接她，检查她的书包和所有小测验的试卷，阿妈说："我忍你已经很久了，放了好好的学不上，好，你说你喜欢这里的环境，我什么都不说了，你又和那样的人厮混在一起，你是要我的命吗？"阿妈说着就哽咽了，"你让我在同事面前怎么抬得起头。"

苏诺一言不发，任凭阿妈收走了她的手机，停掉了她所有补课的时间，周末自己出门也要把她反锁在家里。

那天周梓嘉灰溜溜地离开后，在学校看到苏诺心不在焉、郁郁寡欢的样子，他给她冲了奶茶端过去，犹豫地问了句，"你还好吧？"

"我很不好。"苏诺不知道在生谁的气。

"那你爸妈打你了吗？"

"这倒没有。"

"那就好。"周梓嘉松了口气，身上的伤口隐隐作痛，在外地的父母这半年只回了两次家，第一次是苏诺打的电话，第二次是班主任给他爸打了电话，两次都跟苏诺有关，阿爸的棍子虎虎生风，"我让你带坏那么好的女生！"

周梓嘉突然失神了，身上麻酥酥的钝痛也被抛到了九霄云外，想起那些天抬起头看到苏诺趴在窗台托着腮总觉得彼此惺惺相惜的温柔。

周梓嘉和苏诺第十五天一句话都没说了，每天他还是把早餐放到苏诺的桌子上，苏诺喜欢的杂志放在她桌洞里，看到她心情不好就写个笑话在纸上，塞到她的笔袋里，苏诺有时候默不作声，有时候轻飘飘地说一声谢谢。

他们之间像被关上了一道门，明明谁轻轻把门缝儿推大一点儿，水流就能源源不粘地流过融合，可是他们原本就都不是开朗的人，都在心里和对方说很多话，表面上沉默不语。

周梓嘉忍不住了，在期末考前放假的时候，算好了只有苏诺一个人被锁在家里，站在她家楼下喊苏诺，苏诺从成堆的试卷中醒来，站在窗口，望着窗下变得很小的周梓嘉，忍不住笑了，笑完了刚准备说话，一不留神又笑了。

他们就那样一直大喊着跟对方说话，不管有谁看见，又有谁说三道四。最后周梓嘉大喊，"苏诺，你看你像不像莴苣姑娘？"

阳光落下来，周梓嘉格外挺拔好看，苏诺使劲儿点头。

"那我是王子吗？"周梓嘉傻笑了半天，突然又喊了一句。

那么大的人了，苏诺觉得好丢脸，把头缩进屋子里笑，周梓嘉在外面假装撕心裂肺地叫着她的名字。

那是苏诺十六岁生命中最璀璨闪烁的一天。

我是个沉默不语的靠在车窗想念你的乘客

如果时间足够,苏诺想,其实他们会比之前更好一点儿,好到也许真的会走到一起。

第二天就是高中第一次期末考试了,最重要的是,它关系到整个新年是否能过好。

苏诺终于忍不住翻箱倒柜偷出了手机,一边背书一边跟周梓嘉抱怨自己有多紧张,周梓嘉吊儿郎当地说:"那就抄呗,我都跟我前桌那个学霸说好了。"

"你要作弊?"苏诺突然有点厌恶。

"为了应付期末考试,没人不作弊吧,成绩差的抄别人的,成绩好的还会偷偷对答案呢。"

其实,周梓嘉说的是实话,可是苏诺就是讨厌这样的事情,"我就从来都没作过一次弊。"

其实,苏诺不是没作过弊,她只是那种对什么事都一朝被蛇咬十年怕井绳的人,小时候一次偷懒抄了别人的试卷,破天荒没考及格,被狠狠地训斥了一顿,她再也不相信别人的答案了,后来竞赛她给同桌抄试卷,同桌反而抢走了她的第一名,她落了个二等奖,阿妈说:"你显摆了吧?你周围的人成绩都比你好。"

不公平,明明是她抄了我的答案,苏诺在心里委屈了很久。她烦躁地跟周梓嘉说:"那是认识我之前,你要是再作弊一门课，我们就绝交吧。"

周梓嘉吓了一跳，"你说真的？"

苏诺懒得搭理他，晚上睡觉前，周梓嘉又发来消息，"明天加油，我保证不作弊，考倒数被我爸打死也不会作弊。"苏诺心满意足地笑了。

可是苏诺和周梓嘉都没想到，周梓嘉的成绩会排在苏诺的前面，本来周梓嘉想，第一名反正都是苏诺的，自己抄一点也不明显，可是他没想到那个学霸的成绩那么好。而苏诺考试的时候太紧张了，英语的题量本身就大，她卡在最后一分钟涂答题卡，一不小心就涂串行了，即便英语卡在及格线上，苏诺还是年级前五十名，可是看着名次表上周梓嘉的名字，她就觉得格外刺眼。

苏诺说："我们不要联系了。"

那天下了很大的雪，苏诺一个人慢慢地回家，手里哆哆嗦嗦攥着成绩单，周梓嘉一直远远地跟在她身后，各怀心事。

阿妈说："你连父母不管的人都考不过了。"

"他是作弊的！"

"全都是你的借口。"

第二天的校会苏诺没去，不知道是不是淋了雪，一到家就高烧不止。把联系人列表里周梓嘉的号全部拉黑，再回到学校的时候，还是忍不住老是望向周梓嘉的课桌，可是那里一直空空如也，看得苏诺没来由地心慌。

同桌忍不住了,"你知道周梓嘉因为作弊被劝退的事吗?没有学校要他,他只能去了那种全封闭学校,军事化管理,特别苦。"

"作弊?学校怎么会知道?作弊不是记过吗?"苏诺急了。

"也不全是。你没来,不知道他那天有多威武,校长还没说完散会两个字,他突然冲上去抢了麦,深深一鞠躬,把年级前一百的奖状撕掉,对全校说对不起,还说这句道歉是说给一个女生的。那个女生说的是你吧?"

看到苏诺变了脸色,同桌安抚她,"你别怕,班主任把这件事压下来了,反正他也去别的学校了。哦对了,他还傻里傻气地让我带给你一张明信片。"

苏诺一把抢过来,是她喜欢了很久的被燃烧过的纸张样式的明信片,周梓嘉说:"对不起啊,我还是会犯错,别联络,等我全都改了。"

苏诺的眼前仿佛浮现出他逞强假装满不在乎的样子,眼睛像饱满的橙子,轻轻一碰就要流出酸涩的眼泪。

大概是那所学校管得真的很严,周梓嘉再也没有回过苏诺一条消息,仿佛那段最美的时光明信片般被烧成了灰烬。

可是遇到共同熟悉的人会想起,看到一起走过的街会惦记,所以莴苣姑娘偶尔还会希冀,终会有童话里的结果。

请把那月光收藏

八 蟹

1

我有一种怪病，在重感冒的时候就会不停地流眼泪。长大后才知道，这似乎是角膜炎。但小学时不清楚，大人也没有去深究，只是在当时会觉得自己像一只怪物。

第一次出现这个情况是在小学一年级。一天下午的最后一节课是自习，老师在上面做自己的事，学生在下面有的偷偷打闹，有的安静写作业看书。我突然觉得眼睛很酸，然后眼泪就莫名其妙地开始不停地掉下来，完全止不住。当时我自己也被吓坏了，只能不停地用手抹掉，但就像坏掉了的水龙头，眼泪决堤。到后来我干脆让它肆意发泄了。我坐在第一桌，不敢让老师看到我的样子，就用宽大的教科书竖起来挡在我的面前，遮住我的脸。

放学之后大家都走了，我在教室等五年级的姐姐放学。我仍旧保持刚才的姿势，头埋起来，两手拿着书的两侧。我的眼睛大概在当时已经肿得不成样了，因为已经哭了好久。

教室里空荡荡的，只有我一个人。我一边难受着一边等待着。我还没等到姐姐，却等来了江盛年。

江盛年是在一年级下学期才转来我们班的。他和班级里的幼稚男生有本质的区别。我记得他站在讲台上的坦然与冷静。这在同龄人当中真的十分罕见。男生留着平头，面目稚嫩清秀，眼睛有光，很少笑。他和班上的男生并不都玩在一起。

我听到教室门口戛然而止的脚步声，就小心翼翼地把头探出书本外一点儿，目光恰好与江盛年相遇。男孩子看见我的时候愣了一下，但很快地转移了视线。他跑到后面自己的位置去拿东西，在经过我身旁时放慢了脚步。但他没有同我说话。我们不熟。

我继续埋着头，眼泪已经浸湿了靠近我脸颊的那一页书面。

我没有想到江盛年会在走出教室后又回来。

男生走到我面前，静止了几秒，然后他双手握住了书本的两侧，轻轻地将书向下压。他完全看清了我的脸。一张泪流满面的脸。

他显然被吓到了。

江盛年看了我的脸五秒,然后抓起书包跑了。

几分钟之后,江盛年和班主任一起出现在了教室里。原来他是去找老师了。

老师打电话给我的母亲。她摸了摸江盛年的脑袋,和他说了几句话之后江盛年就走了。在江盛年走之前,他做了一个举动。他从老师带过来的抽纸巾里抽了一张面巾纸然后递给了我。我听见他的声音:别难过。

2

在那个年纪是不懂喜欢的。但是谁对你好你也会对他好。小江盛年的暖心举动我一直记在心里。在那之前我们从未交谈过。病好之后,我去学校的小卖部买了糖果,在放学的时候送给了江盛年吃。我记得他犹豫了一下,还是对我说了句谢谢,然后接过去放进了右边的口袋。

江盛年在我心里就是小小的英雄。上二年级的时候,班上的一个女生生了很严重的病,头发都掉光了,不管是冬天还是夏天,她都戴着帽子。一次课间做操,有不懂事的小男孩嘲笑那个女生,甚至一度想把她的帽子摘掉。女孩子很难过,用手抹脸上的眼泪。我在后面看见这一幕,很气愤,却也没什么行动。在那个男生再一次准备摘掉女生的帽子时,江盛年冲上去把不懂事的男生推倒在了地上。

　　大家的目光在此时才聚集了过来，窃窃私语。男孩子很生气，从地上爬起来后就和江盛年扭打在一起。老师看到后就过来把两个小男生拉开并进行了教育。

　　课间操结束，大家零散地回教室，我走到江盛年旁边，带着崇拜的语气对他说：你真勇敢。江盛年神情淡淡的，只是点了下头。

　　大概是江盛年的见义勇为，在这件事之后，他在我们班的人气上升了很多，大家都想和他玩，也开始对那个女孩子保护有加。尽管大家都希望和江盛年玩，他却还是独来独往。

　　我和江盛年始终没有变成好朋友，但是我遇见他的时候还是会很开心地和他打招呼，若是在远处就会跳起来与他挥手。

　　三年级的时候，家里的户口迁到城镇上，我从私立小学转到公立的小学。那是在二年级暑假，完全没来得及和同班的小伙伴说再见。后来碰到同班同学，问起江盛年，他说江盛年在四年级的时候也转学了。

3

　　江盛年就像一个标记，一直存在在我的生命记忆里。我总是会记起他把书拿开，与我四目对视时的场景。他的眼睛真的很漂亮，直到现在我都忘不了他那双像是会说话的眼睛。

读完小学初中，我考上了镇上一所普通的高中。外表有些变化。重感冒时流泪的症状还是一直有，但已经很少复发。

在新生开学的那一天，我坐在窗户边看着窗外的景色。我就这样毫无征兆地重新遇见了江盛年。

他从窗外走过，脸上仍是淡淡的神情，仿佛这个世界与他并无太多瓜葛。经年之后的彼时，江盛年已经长成了一个少年，拥有挺拔的身材，如同一棵白杨树。他的五官长开，轮廓清晰，面目已从清秀过渡到俊朗。我也不知道自己是如何一眼就认出了他，也许是那双我念念不忘的眼睛。

我的前面有空位，他坐在了我的前面，坐下时瞥了一眼一直盯着他看的我，神情仍旧淡漠。我低下头，手指不自觉地弯曲，原来他已经不记得我了。

班主任按照身高重新分配了座位，我又离他很远。

江盛年很快就在年级里走红了，原因很简单，他长得实在太出众。但他冷冰冰的外表确实让那些对他有爱慕之心的女生望而却步。我没有去和他说我是他的小学同学，总觉得似乎没什么意义，毕竟他早就把我忘记了。时间划出一条沟壑，将我们隔开。

我和江盛年整个高一都没有说过话。直到高一末的时候我又一次病发。

　　这么多年，但凡在班级生病流泪症状一出现，我都和一年级时一样用宽大的教科书挡住自己。黄昏的光线洒进教室，我一个人在空旷的教室里待着。

　　我再一次听见了教室门口戛然而止的脚步声。时间仿佛倒流回九年前的那一天。

　　我把头探出书本外，看见了江盛年。他看见我，嘴巴微张，眼神里有惊讶。很少见到他有情绪波动。在他走到我面前之后，他竟然和过去一样将书本拿开。当我们四目相视时，他笑了。

　　他喊我的名字：苏青。

4

　　那是我听到的他对我说过的最温柔的话。竟是我的名字。

　　那两个字从他口中说出时，我真的哭了。

　　他不知道这次我的泪水不止是因为生病，还有因他出现的喜悦和他记得我的感动。

　　"小学里我记住的人很少，你是其中一个。"后来我和他坐在操场边上聊天时他说道。他看向远处的眼睛里有笑意，而我看着他的眼睛，心里满是温热。

我不记得是从什么时候开始，江盛年变得开朗了，他再也不是大家印象中的万年冰山。

我和江盛年谈起小学的事，他说我当时以为你流泪是遇到了不好的事，后来才从老师那里知道了你的病。我没有再遇见过和你一样在生病的时候会不停流泪的女生。苏青你真特别。他笑。

我喜欢他的笑容，却也害怕他笑。因为他的笑容太好看。我终于还是必须接受很多女生因此又重新开始喜欢他的事实。

高二分文理科，我们同选了理，被分在一个班。

我和江盛年的关系一直很好，也一直停留在某种距离，不退不进。我想我是喜欢他的，否则也不会在这么多年里每一次有男生和我告白时脑海里就出现他的脸，也不会这么多年里仍旧常常梦见他，而我们重逢和他认出我的那两天，我在夜晚祈祷时虔诚地感谢着上帝的安排。

岁月忽至。我在校园里遇见了小学同班同学，那个因生病而四季都戴着帽子的女生。如今的她已长出柔顺的黑色直发，亭亭玉立。

人的情感直觉大抵都准。周呈一的出现让我感受到威胁。我想起那年的冬天，江盛年为了她和别人扭打在一起。尽管在当时我觉得他的行为纯属见义勇为。

周呈一是在分文理科一周后到我们班的。有人说她是因为江盛年才转来这里的。江盛年看她的眼神温柔，我坐在角落突然感到悲凉。

原来小小少年不止在我心里留下痕迹，在同样年幼的周呈一心里也留下了印记。这些年周呈一和我一样从来没有忘记过江盛年，甚至通过各种渠道寻找转学后的江盛年。

我没有勇气去问江盛年是否喜欢周呈一，仿佛答案已经既定。周呈一很明了地告诉我她喜欢江盛年。她语气坚定但温和，她不是我讨厌的女孩子，就算我们喜欢着同一个男生，我仍旧对她喜欢。她实在太美好，无论是哪一方面。

5

我在拐角的地方遇见了江盛年和周呈一。他们手牵着手。

我在他们背后，他们并没有看见我。我停住了脚步，沉默地看着他们远去的背影。狗吠声在此刻衬托我的凄凉。

第二天在班上想起这件事还是忍不住偷偷地掉了几滴眼泪，竟恰好被江盛年看见。他以为我又犯病，递给我纸巾问我有没有好好吃药，然后又笑着说这次没有泪流满面，应该是要痊愈了吧。我用纸巾捂住双眼，怕他读到我眼里失恋般的情绪。

下午去上体育课，我失了神，在去操场的路上失足从阶梯上摔下去。江盛年送我去医务室，骂我白痴。所幸只有几层阶梯，伤不算严重。用白色纱布裹住右脚，走路一瘸一拐。他在晚自习结束坚持送我回家。

那天月色很好。回去得晚，路上行人寥寥。我和江盛年都时不时抬头看天上的月。

月光落在他的脸上，他的眼睛里。他的神情柔和，转过脸对我说：苏青，今晚月色真美。

他眼神温柔，我却又想起了他们牵手的画面，低下头拿开了他搀扶着我的手。尴尬立刻流动在我们之间，在他还没说话之前，我抬起头对他说我家就在前面，送我到这里就好了。

江盛年张了张口，似乎想说些什么，但还是没有说。

我转过身，一瘸一拐地走了几步路。忍着眼泪，却还是忍不住回头，发现江盛年一直站在原地。

泪水模糊了我的眼睛，江盛年看见我的眼泪，和以前一样要从书包里掏纸巾给我，可是在他准备拿纸巾时，我说的话让他定住了。

"我喜欢过你。"我说。他抬起头看我。

"我喜欢过你。"我又说了一遍，眼泪湿了我的脸颊。我用袖子抹掉眼泪，然后冷静了两秒，咧开嘴对他笑："江盛年，我们要一直做好朋友，好不好？"

我已经看不清他的脸了。只记得他沉默了很久，然后说了一个好字。

我们之间的距离不远不近，我向他挥手，说江盛年再见，然后一瘸一拐地走进了拐角的巷子。

我听见他渐行渐远的脚步声，终于忍不住放声哭了出来。

6

江盛年在几天前借我的一本关于夏目漱石的书我迟迟没看。在第二天去上学时放在了他的课桌上。

那天晚上之后，我刻意疏远了江盛年，他是聪明人，也不再与我来往。我们就这样渐渐成了熟悉的陌生人。

时间往前走，高三，然后高考。我考去了北方，江盛年和周呈一都留在了南方。我和他们不再有联系。尽管在那晚我说要永远做好朋友，但我心里清楚，我根本做不到。我没办法明明喜欢着他，还要看着他和另外一个女孩子举案齐眉。

再后来，我听说江盛年和周呈一终于在一起了。那时候我病愈，再也不会流泪了。我还是想起了江盛年。

在落满夕阳的余晖的教室里，江盛年走到我的面前，将我手中的书拿开。他看着满脸泪水的我然后笑了。

"苏青。"他温柔地唤我的名字。

7

记得小学体育课我一个人用粉笔在边上画很多圆圈。那时候我心情不好,在每一个圆里都画了嘴角向下的苦脸。苏青从女生堆里向我跑来,她看见了这么多的苦脸,把向下的线条抹掉,然后用我刚放下的粉笔在原位画上了一个又一个向上扬着笑的嘴。

她咧开嘴对我笑。她说要开心点儿。

三年级开学的那一天,我买了柠檬味的糖果准备带给苏青,在过去她常常给我糖果吃。可是我到班级后才得知她转学了。那天,我一口气塞了好几颗柠檬糖到嘴里,酸涩感从嘴里一直蔓延到眼睛和鼻子。

长大后的苏青变了很多,我没有一眼认出她,但隐隐约约觉得相识。那日傍晚把书落在教室,回去取时,我看见苏青坐在位置上,用教科书挡住脸。她听见声响后便只探出眼睛看我。

一切都那么熟悉。仿佛时间倒流。

我循着记忆的脚步向前走,轻轻地将她手中的书向下压。我看见那张泪流满面的脸,她的眼神和小时候一模一样。

她真的是苏青。

我开心地笑了。

周呈一的变化让我惊喜，我想起从前的她总是因为生病被欺负，而如今她已经痊愈，长发披肩的模样很美好。周呈一感谢我年幼时的举动，并向我表明她这几年对我的想念和喜欢。我咬了咬牙还是很直接地拒绝了她。

这几年，或许你在想念我，而我却也是一直想念着一个人。

我把关于夏目漱石的书借给苏青看。我喜欢他含蓄的表白：今晚月色很美。并想在几日之后用这句话告诉苏青我的心意。

在拒绝周呈一的第二天，在回家的路上遇见了周呈一，她站在墙角，一动不动，眼神惊恐，与她不远处的那只狗用眼神对峙着。我走近才发现她已经脸色发白，手紧紧地握着拳。她极怕狗。

我站在她旁边对她说："你别看那只狗的眼睛，把头低下头，跟着我的脚步走。""我能不能握着你的手。"她说。

不等我拒绝，她已经握住了我的手。我感觉到她手里的冷汗和她的发颤，突然想起了二年级在人群里被欺负的周呈一，于是并没有松开她的手，将她送到安全地带后才放开她的手。

苏青从阶梯上摔下来，我丢了手中的球急忙带她去医务室。我主动提出要送她回家。

那晚月色很美，我沉思了一下，决定就在今晚向她表白。当我对她说出那句话后，她的反应竟然是推开了我。

她有情绪上的波动。我不懂她是拒绝的意思还是她并没有认真看那本书。在我要询问时，她说她家快到了，让我送到这里就好。她态度强硬，我只好目送她。

没有想过她会对我说那样的话。她说她喜欢过我。她喜欢过我，而不是她喜欢我。

我没有来得及问出口中的疑惑。苏青满脸泪水地对我说，要和我做永远的好朋友。

似乎明白了什么，却迟迟不愿意答应。但最后我还是屈服了。

我一个人坐在路边望着夜幕中的月亮很久，突然很想得和苏青一样的病。

夏目漱石在学校当英文老师时给学生出了一篇短文翻译，要把文中男女主角在月下散步时男主角情不自禁说出的"I love you"翻译成日文，夏目漱石说，不应直译而应含蓄，翻译成"今晚月色真美"就足够了。

苏青，今晚月色真美。

我再一次听见了教室门口戛然而止的声音。时间仿佛倒流回九年前的那一天。

荆棘的心成长过三次

林舒蓝

1

周嘉木也不知道自己是为什么,在异乡的街头常常会绕着那几家甜腻的糕点小店发呆,等回过神时才莫名其妙地走开,好像是一种怪癖,但他怎么都找不到出口去破解。

直到哥们儿许成在班群里发出了一则招聘启事,上面烫金的大字写着蓬安安的名字,作为法国留学回来的糕点师,蓬安安自立门户在H城附近开了一家小巧精致的甜品店,需要聘用专业水平极高的人。

周嘉木看得直发呆,许成在QQ上敲他,"喂,你说她对H城人生地不熟的,去那里是不是因为你啊?不想在你身旁，又不想离你太远。"

"你瞎说什么呢？没见过男生那么八卦。"周嘉木不想理他。

"我说真的，你们怎么会莫名其妙地分开？如果她回来找你，你们还可能吗？"

"当初不可能，现在更没希望。"周嘉木冷冷地关上手机，终于明白了自己的怪癖从何而来。想起蓬安安圆圆的脸上那双充满生机的眼睛，好像一瞬间，阳光、笑容和星光一并降落，闪烁至永远。

蓬安安对他来说到底算是什么呢？一米五五的小个子，却永远需要他仰望，所以无论如何，都别扭地不愿站在她身旁。可是时至今日，他也分不清当初他是对还是错了。

周嘉木只知道，好多年了，蓬安安是风景、是恩赐、是明媚的夏花灿烂、是玫瑰色的晚霞、是初冬的围巾配奶茶、是一切美好的事物、是三生有幸。

2

周嘉木是十岁时搬去蓬安安住的那个小区的，绿草如茵，连垃圾桶都带着精致的把手，怎么看都高端大气。他小心翼翼跟在父母身后。

周爸看到他东看看西摸摸，连看到垃圾桶都一声惊叹，觉得特别没面子，厉声说："走路就好好走路，没见过世面。不就是一个好看点的垃圾桶吗？"

周嘉木看到前面的叔叔阿姨脸上的表情变了变，有点儿想笑，又极力忍住，正奇怪，旁边一个嫩生生的声音便传了过来，"叔叔，那是每个小区的捐赠箱，不要的东西可以放进去，还有许多人需要，不是垃圾桶哦。"说着，就把手中的一大摞童话书放了进去。

周爸的脸上青一阵白一阵，半晌拉着周嘉木快步走，"快走快走，这样的小孩真没礼貌。"

"明明是你自己什么都不懂，还说我没见过世面，别人没礼貌。"周嘉木只敢在心里抱怨，路过小姑娘的时候，还冲她做了个鬼脸，小姑娘立刻咯咯咯地笑了起来，甜甜的酒窝荡漾在周嘉木的心里，只是那时候还太小，周嘉木只是不停地想，世界上怎么会有那么好看的小姑娘，真的是太好看了。

周爸走后，叔叔阿姨帮周嘉木收拾行李，门铃啪嗒一声就被按开了，周嘉木飞快地跑去开门，撞到了正死死趴在门外用倒过来的猫眼往里看的小姑娘，他吓了一跳，下意识结结巴巴地说："你……你好，我叫周嘉木。"

"嗯？南方有嘉木，你的名字真好听，我叫蓬安安。"蓬安安揉了揉鼻子，随口冒出来的诗句让周嘉木崇拜得几乎五体投地，所以当蓬安安说想和他一起出去玩时，周嘉木毫不犹豫地答应了。

此时楼下正有一堆同龄人在豪华的建筑器材里玩，蓬安安和周嘉木手牵手跑去，却很快被赶了回来，其中一个胖妞指着蓬安安说："书呆子不配和我们一起玩。"

周嘉木愣了一下，就有一个沙包直直砸在了蓬安安的脸上，他吓了一跳，转头看蓬安安，大眼睛里蓄满了泪水，被砸到的地方红起了一片。

"你们干什么？"周嘉木气不打一处来，叉着腰站在胖妞面前，刚才在周爸面前的乖巧荡然无存，本性暴露无遗。

"你管得着吗？"胖妞横行霸道，"别以为我不知道，你爸妈不要你了，才把你送到叔叔阿姨家，你们在小区里说话我都听到了。从小就没人要，真可怜啊，唉。"胖妞还挑衅地叹了口气。

"我们走吧。"蓬安安牵起周嘉木攥成拳头的手，"别跟他们计较。"

周嘉木正在犹豫，胖妞又补充了一句，"从小就是小媳妇的样儿。"

十分钟后，蓬安安终于明白，胖妞犯了个致命的错误，就是女生永远打不过男生，被踢青了大腿和胳膊的胖妞披头散发趴在路边大哭。一个胖得要命的中年妇女立刻冲了过来，周嘉木都怀疑那两条胖腿搅在一起会把她绊倒。

"哎哟，心肝宝贝。"胖妈抱起胖妞，狠狠揪住周嘉木的胳膊去找他叔叔阿姨算账。

胖妞心满意足看着周嘉木跪在地上,叔叔手中的皮带毫不留情,绽放在他的皮肉上,蓬安安吓得放声大哭,周嘉木咬住牙,对胖妞示威,"你要是再敢欺负安安,大不了我们继续一起受苦。"

等胖妈走后,叔叔还没有消气,捣着周嘉木的额头,"无论如何,男生都不能打女生。你要是再做这种事情,连我们也不要你了。"

蓬安安拉着周嘉木一溜烟儿跑出了门,来到小区不远处的烧烤摊旁,那里的最边角有一个高墙,"喂,我们上去吧,每次我心情不好,都会来这里。"

那年周嘉木十岁,蓬安安九岁,两个人晃荡着小腿坐在高墙上,一个在担忧如果自己真的没人要该怎么办,一个侧过脸,心想世界上怎么会有那么好的小少年,保护她,为她挨打。

"还疼吗?"蓬安安戳戳周嘉木的后背。

"哎哟。"周嘉木一闪身,就摔下了城墙。

"啊!"蓬安安也慌乱地跳下去,正好撞到周嘉木,惨叫声异口同声,顿了几秒,两个人又放声大笑了起来。

蓬安安念起一首诗歌,记得当时年纪小,你爱谈天我爱笑。并肩坐在桃树下,风在树梢鸟在叫。不知不觉睡着了,梦里花落知多少。

蓬安安的嗓音很好听,周嘉木望着她,眼睛里星星闪烁，嘴角溢着笑，蓬安安觉得自己也做了一场梦，梦里没有落花，只有她的少年。

3

时光流逝得飞快，转眼间，蓬安安和周嘉木都迎来了初三，两年时光里他们分担了彼此的所有，用许成的话说，他们之间不需要任何人说喜欢，也永远不会被别人拆散，他们早就融为一体了。

时隔经年，周嘉木原本应该笑着答应这样的话，现在心里却荡漾起阵阵的不安。小时候不懂事，喜欢和对谁好都是对等的，那时候不讲究门当户对。

蓬安安主动和他交朋友，他就要为她打架，可是现在他觉得，他越发没办法站在蓬安安的身旁。

蓬安安家是书香门第，天生聪颖的她成绩一直都特别优秀。而到了初中以后，大人开始看重成绩，周嘉木就从原本被夸奖乖巧的小男孩变成了坏孩子，就连蓬妈那么开明的人，都在一次家长会后，悄悄对蓬安安说："你以后还是少和周嘉木接触吧。"

周嘉木正愁眉苦脸地往叔叔家走，他猛地停下脚步，站在墙边悄悄地听。那是他第一次听到蓬安安那么激动，她警惕地问："为什么？"

"一是你们大了，又都是半大的年纪。二是家长会，你们班主任做了份表格,你肯定能考上重点,周嘉木可能连高中都考不上。"

"那又怎样?"蓬安安不高兴地说,"你不也常说,成绩并不能决定一个人的好坏吗?"

"是……但妈妈是为了你好,以后你继续读书,他出去打工,你们之间的层次会越差越大,最后没有任何人插足,也会分开。"蓬安安沉默了,周嘉木的心猛地一紧,他知道阿姨说得一点儿错也没有。

这时蓬安安又扬起清脆的声音,"初中的课本真的不算难,妈妈,要是我帮他一起学呢?"

周嘉木在难过卑微得要命的时候,听到阿姨笑着说:"你有信心就好。"他的心里突然百感交集。

回到家后,把成绩单交给叔叔签字,周嘉木破天荒没有受到一顿劈头盖脸的责骂,他觉得家里似乎少了点儿什么,转了一圈,才发现家里只有叔叔。"弟弟呢?"他吃着剩饭问。

"生病了,上吐下泻的,被你婶婶带去医院了。等下吃完饭,记得把那些衣服都洗了。"周嘉木点点头,这几年,他在叔叔家过得不能算好,但也不能说不好,只是随着年龄的增加,他越发在生活和自尊心的相互调节下变得很吃力。

收拾完所有东西,周嘉木拿起课本和作业,想了想又放下了,从柜子里掏出一把深色的木头吉他,这是他半年前从一个二手市场淘来的,跟着网上的教程,他竟然上手得很快,只是平时练时必须要在手上盖着床被子练习,琴弦被压住,才不会发出声音影响到一家人休息。

周嘉木很清楚自己不喜欢学习,但为了蓬安安,还是咬牙在第二天开始了魔鬼训练。其实蓬安安也不是适合当老师的人,女生永远不会把事情和感情划分清界限,放学后留下补习的第三天,周嘉木就背来了他的吉他。

"安安……我觉得,我真的不太喜欢学习。"周嘉木结结巴巴地说,"也许,我可以用别的方式和你比肩。"

蓬安安愣了一下,点点头,"你喜欢吉他?"

"没有男生不喜欢吧。"晚风习习的教学楼已经没什么人了,周嘉木肆无忌惮地弹起歌来,蓬安安默许了,独自在旁边做题,跟着小心哼唱那些熟悉的民谣。

周嘉木很喜欢弹《董小姐》,蓬安安清泠泠的嗓音唱那句烂大街的词,却别有一番风味。周嘉木用心地弹,静静地听,"爱上一匹野马,可我的家里没有草原。"蓬安安不是野马,不需要那么大的草原,可是周嘉木一棵青草也买不起。

4

初中时的周嘉木还能幻想他可以变成一匹低等的马陪在蓬安安身旁,不需要草原,只要陪她浪迹天涯,到了高中后,他觉得自己再也不用做这样的美梦了。

虽然他也没有差到考不上任何一所高中。

中考成绩下来后不久,周嘉木被从外地赶来的爸妈从里到外地骂了一顿,然后他们急匆匆扔下钱,赔着笑脸对他叔叔说,"这孩子不听话,让你们费心了。"

那么厚的钱,周嘉木看着叔叔乐呵呵地放进自己的包里,然后脑袋又被爸爸狠狠地拍了一巴掌,"我们真是造孽啊,生了你这样不争气的孩子。"

周嘉木原本还有一丝难过的心情竟然在一瞬间豁然开朗,他慢悠悠走到小区门口,给蓬安安打了个电话,"安安,我觉得特别可笑,他们几年没见到我,不远千里来和我见面,就是为了骂我一顿。"

蓬安安沉默了一下,"嘉木,我……真的不太会安慰人啊。那个,我要去学校了,我们学校今年开始加强力度,我连暑假都没有。"

周嘉木愣了一下,拿上钱去新学校报到,不知道为什么,听到蓬安安刚才的话,他的心里像扎了一根刺,他的学校也要补课,只是正好迟了一天,作为一个学生又怎么可能不知道,差学生也从来不会少上一天课,那么蓬安安话里,是不是又有别的意思呢?

周嘉木甩甩头,决定不想这些乱七八糟的事情。自从他父母来过,他对自己,似乎有了一点儿妥协,好在新的班级周嘉木特别喜欢。班主任是刚毕业的老师,临放学时悄悄说:"下午大家可以少背几本书,我们来自我介绍,你们成为朋友,是我最大的责任。"

没人把老师的话当回事,只有周嘉木背着吉他去了,引来班里一片欢呼。他从《春风十里》弹到《陪我到可可西里去看海》,转身竟然看到班主任正在抹眼泪,同学从开始的嘈杂到沉寂,周嘉木第一次感到那么满足。

只是吉他弹了一半,手机就响了,周嘉木刚准备按掉,看到是蓬安安,还是接了起来,蓬安安的声音特别有生机,"喂,嘉木,我在这里遇见了一个大神,晚上不和你吃饭了,我们要切磋一下。"

周嘉木顿了一下,"嗯"了一声,继续弹唱。下午时,周嘉木像一只自我保护的小兽,琴声丝丝入扣,包裹着他,形成一个巨大的舞台,这个瑰丽的舞台上,只有他一个人,一个人光芒万丈。

周嘉木欣喜不已,好像自己无意中开辟了另一片世界,这是他从前,站在蓬安安身边,从没有体会过的。

周嘉木停下来后,班里唏嘘不止,几个男生已经跳到讲台前和他称兄道弟,眼底全是意犹未尽。

班主任也特别开心。六点的钟声响起,夏季的天黑得最迟,此刻远方只荡漾起一片玫瑰色的红晕,周嘉木觉得时间还早,干脆跑去蓬安安的学校想要等她,不想却看到她和一个干净的男生坐在学校旁的树下,早已形成一道风景,与他们背后雄伟的校门交相呼应。

周嘉木转身就走，走到一家奶茶店，又停了下来，他的心中始终存留着一丝侥幸，他和蓬安安之间，还有一道可以不计较相互能力的线，将他们紧紧牵连。奶茶店是蓬安安回家的必经之路，在这里等她，会少很多尴尬。

5

周嘉木和蓬安安分开的整个过程，特别平和，平和到周嘉木不停地说，说了很多很多话，然后蓬安安突然大吼，"够了吗？其实那天你看到了吧？你看到我那么开心地和他坐在一起，自卑了是吗？"

周嘉木愣住了，他第一次见到，蓬安安如此口不择言。

周嘉木冷静了一下，"是啊，所以我很自卑，我觉得自己没有能力再站在你身边了。"

"可是那是我故意的。我怕我们不在一个学校，你会不珍惜我，我只会学习，什么都不会。"蓬安安突然哭了。

站在周嘉木身旁的女生尴尬地杵在那儿，走也不是，不走也不是，不说是蓬安安误会了自己真的很委屈，说了好像此地无银三百两。

蓬安安突然拉住了周嘉木的手，那么优秀的女生为了他放低身段，周嘉木于心不忍，可是他们还是会分开。短爱短痛，不是吗？

周嘉木说，"我问你三个问题吧？"

"安安，你能否定，假戏里没有真实的部分吗？"

"初衷一定是假的。"蓬安安含糊其辞。

"你怕我们会分开，所以你对我们之间，其实已经有了怀疑是吗？"

"可是……"蓬安安支吾起来。

"你能否定，我们的分岔路越来越多，最后会形成完全没有交集的形状吗？你在我身边要委曲求全，我在你身边，光芒要被掩盖，这样合适吗？"周嘉木说完，蓬安安已经再无言语。

谁也没有告别，蓬安安走后，周嘉木突然整个人滑倒在地上，没有一点力气爬起来。身旁的女生吓得大叫，差点儿拨通了120。

离开蓬安安的周嘉木像得了一场大病，这是谁也不知道的秘密，除了那个心心念念跟在他身后想学吉他的女生。她问周嘉木，"其实你也没有特别喜欢那个很优秀的女生，对吧？"

"为什么？"周嘉木反问。

"如果你很喜欢她，怎么会那么理性。我在旁边都看呆了。啊，不对，可是你会大病一场，这也不是不喜欢的表现啊？"女生一下子把自己绕糊涂了。

周嘉木想了想，"大概是我们之间的差距太大，那个现实的洞摆在那里，不得不理智一点儿吧。"

虽然病好后，周嘉木才发现，自己当初一点儿都不理智。

蓬安安搬家了，去了离她读书的重点学校只隔一条街的地方，周嘉木也想过去找她，但是时间不等人，他的决心也不够。

蓬安安是他心头一抹朱砂，美不胜收。周嘉木总想着，要不等我考上音乐学院再去找她吧？尔后周嘉木也没有幸运之神眷顾，他没考上，却在周围的人都混着文凭的时候自己开始赚点儿钱，周嘉木没有至亲的人，叔叔不是，离开了他很多年的父母也已经不是至亲。

他每天很忙碌，却也比同龄人更早开始解决自己的温饱，一点儿都不觉得辛苦。他在很小的时候就体会过现实的滋味，现在早就习以为常。

但是周嘉木说谎了，兜兜转转这些年，他一直都在打探蓬安安的消息，他也想过，蓬安安去H城会不会因为他，但查过资料才知道，那里是糕点之乡，而蓬安安的店，也不是她一个人所开，她身后，一直都有一个，支持她用那么优秀的成绩去学糕点这种手艺的人。

反正都结束了，他还是维持着自己最后一点儿面子为妙，虽然这根本没有什么用处。

许成还在电话里喋喋不休，"喂，喂喂喂，你都不知道，当初蓬安安背着你跟我们炫耀你为她出头挨打的时候，那个表情多幸福，你没看过，所以什么都不知道。"

　　周嘉木顿了顿，忍不住笑了，他想起的，却是他的爸爸把捐物箱认成垃圾桶的事情。他说，"不要把别人想象得对你很忠诚。"

　　他没有怪蓬安安的意思，到底是他先放的手，他先选择了不忠诚的路要走，只是现在，他还是有点儿难过。

　　躲雨的人看到雨水的那种难过。

一个人的地老天荒

一个人的地老天荒

HP

1

她将左腿裤子刮破,又在同样位置弄坏右腿裤子后,终于承认自己死性难改。

犹如看见同一款男生便会不由自主一样。

高,瘦,一笑整个春天就来了。

可为什么见到他的那一刻,除了心里奔出的欢喜,更多的会是一种疼痛的感觉。

就像喜欢一个人,喜欢到心痛,依旧舍不得放手。

2

放学，同宿舍的人都在刷微信微博朋友圈，她竟然在玩一种很低级的电脑纸牌。

刚开始不知道可以悔牌，每每几下便归西。后来才知这牌可以悔的，哪怕悔到最后还是归西，大不了，重新发牌，还是同一局，直到过关。

如果人生也可如此，那该有多好。

认识他时，就知他有一青梅竹马的女朋友，在B市读大二。所以，故事还未开始，她已被判出局。

很多人会说相逢恨晚。明知已晚，又何必相逢。

她却感恩，哪怕看着那结局一路踏过去。至少，还有回忆不是吗。

3

等红灯时，她借着假装看广告牌偷看他的侧脸。人流拥挤，她却只觉欢喜。

他离她，那么近，那么远。

近得咫尺可触，远到山高路远，白发稀茫。

怅然间，有车子飞驰而过，他伸手拉她，一个转身，她的手已然握入他掌心。那汗涔涔的手心里，都是欲说还休的心事。

她抿嘴,呆立半天,不敢动,怕是梦。心想如果能这样握一辈子,也是好的。

世界片刻凝住。

身边攘沓的脚步声,前方亮起的绿灯,他慢慢松掉的手,都在提醒她:梦该醒了。

她没有动,眼睛紧盯着斑马线,不敢让他看到她失望的表情。可她又有什么可失望的?

她轻轻扯起嘴角,苦笑。

抬脚,迈步,然后怔忡住——

他那松开的手,在抽离她指尖的刹那,重又轻轻握了回来……

4

她只是寻常女生。有小心思,小脾气,小奢望。独独对他,无所求。

他探过头,轻叹,我有什么好?有那么多缺点。

是啊,他有那么多缺点,都抵不过不能爱她这一桩一寸。

可她还是喜欢他啊。喜欢他在食堂吃饭时牙齿间沾上的菜叶,喜欢他喝汤时发出的咕噜声。

她觉得,爱情本就该这样。于万千人眼里一眼认出,于万人眼中独爱一人。

哪怕飞蛾扑火,哪怕沧海难渡。

有他就好。

5

闺密小筱发来短信,说男生和女生之间根本不存在所谓的第四类感情。要么进一步,要么退一步。不然,要有一颗怎样的心,才可以不计得失地永远存活于缝隙中。

不然呢?她明知答案。

闺密恨铁不成钢。不然,终有一天,你会为自己咎由的结果后悔!

幽拓月色下,她竟然笑得清朗。

她从未想过将来。将来太遥远,遥远到她伸手便似要碎掉。

所以,她在每一个睡不着的夜里,看云朵散聚,听窗外风吹。只要他要,只要她有,便觉恩赐。

6

几个月后,她终于出现梦寐已久的尖下巴。然后,对着镜子就笑出了忧伤。

小筱说,青春易逝,繁花易衰,别苦了自己。

她并不觉得苦。

她认真地给他回短信，用心地回复他每一条微博，在未发消息框中涂涂改改很多次，最后只发一个晚安的表情。

他回，没有其他的话要对我说吗？

她握手机的手，一抖，瞬间无法呼吸。

过了很久，她下了很大决心，抿紧嘴唇点击发送，然后关了手机。

她怕，怕他说好，又怕他什么都不说。

她说，如果我对你是种打扰，真的很抱歉。

第二天，她旷了课，一个人游走在阳光倾泻的大街上，慢慢打开手机。

他说：你在哪里？

7

五月，春光明媚。小莜开始做她的免费义务顾问，让她打一场爱情争夺战。

她长久地做同一个梦。

他背对她，然后转身，紧紧将她抱住。

可又不是梦。

那日，她逛无可逛，慢悠悠地回去。刚到宿舍楼下，就见他立在那里。脸色发黑，似在生气。

她想道歉，可不知到底要道歉什么。

道歉喜欢他？道歉让他知道她喜欢上他？

她重又重复和在一起时养成的习惯，抿眼，低头，直到被一个坚硬的胸膛拥进怀中。

他说，什么都别说。

8

小莜说，你要放手一搏，爱情本无对错。这个世界太大，诱惑太多，总有人要伤悲。

可她的眼里，是他越来越紧锁的眉心，越来萧索的笑容。

他说，我是不是错了。

她知道，他对那个她，那个竹马了很多年的青梅有承诺。如果他真的寡言轻诺，她倒也许不会喜欢他。

可你怎么办？他的眼里都是满满的歉意和两难。

她笑，眉目间拓一隅苍暮天空。

原来每一段感情都需要用太多的疼痛去堆砌微小的幸福。

而她，已决意放弃。

9

　　八月，没有空调的房间里，电影频道在播很早前的《天下无贼》。看着画面上将泡面狠狠塞满嘴里的刘若英，她的心攸地就疼了起来。

　　慢慢删掉最后一条短信。关机，把自己埋进被子里，然后在黑暗里睁大眼。

　　她不想哭，是她执意让他走的。哪怕从此以后，远眺明山月，永隔一江水。她只是忍不住难过。

　　窗外，莫文蔚在那里低低地唱：感情本就是你情我愿，到头来，全凭两不相欠。

　　那么她呢。她应该是他最放心的那一抹忧伤，忧伤到让他想到了地老天荒。

　　他说，谢谢你，来爱我。

我实话跟你讲哦，我不喜欢你

zzy阿狸

1

矫情小姐是我的好朋友，她学习不怎么样，常常为了毫无起色的成绩而提心吊胆。前一阵子还一脸认真地对我说她不想念书了，要去深圳打工。还说她已经计划了，拿什么东西去，干什么活云云。我没把她的话当一回事儿，因为我知道她最后还不是得乖乖地留在这儿。

2

据矫情小姐交代，高一军训那阵子，有一天中午，她由于睡过头迟到了，被班主任拎到走廊上罚站。正一个人郁闷着,旁边一个幽幽的声音传来:"你往左边挪点儿,我没位置站了。"

矫情小姐的起床气还没消散,刚想来几句流利的三字经,但在对上Z先生的眼神瞬间便烟消云散了。

心里头那个沉睡了很久的小孩儿突然被叫醒,睡眼惺忪,懵懵懂懂,睁开的第一眼看到了Z先生,从此Z先生便频繁地出现在矫情小姐的生活中。

但十六七岁的年纪不能那么随随便便喜欢一个人的,不对,应该说不能那么随随便便地把那四个字说出口。

只是谁都看得出来矫情小姐喜欢Z先生,就连我这不同班的路人甲也略有耳闻。

高一那年,学校团委举办了一站到底比赛,看过原版节目的同学都知道,其实就是知识竞答。Z先生的表现真可谓充分证明了"不在沉默中爆发,就在沉默中死去"的道理。面瘫君Z先生勇往直前,过五关斩六将,一路拿下了总冠军。

期间每一场比赛矫情小姐都有在一旁呐喊助威。问鼎冠军的那一刻,Z先生激动地一把搂住了花容失色的矫情小姐。

人声鼎沸的现场,矫情小姐只听得见落在肩上的蒲公英的声音。

3

矫情小姐后来不断狡辩说:"Z先生不是因为激动才抱我的。"我反问那是为了什么,矫情小姐却答不上来。

怎么能答得上来呢,那天比赛过后,Z先生又做回了一个真实的面瘫君,和矫情小姐保持着一定的距离。

但矫情小姐自动忽略了Z先生对她的忽远忽近,只记住了那一刻拥抱的温度。往后找各种理由约Z先生出去吃东西,吃完东西再约Z先生去买东西,买完东西再约Z先生去看东西,看完东西再约Z先生去吃东西……

其实所有的借口只有一个目的,笨拙的矫情小姐不敢明目张胆地说我就是想要你陪我去,所以一直在拐弯抹角,最后拐得自己都不知道自己在哪儿了。

4

高二那年重点班大换血,矫情小姐很幸运地和Z先生同班。她觉得这次是冥冥中自有安排,不能辜负天意。于是这一年里对Z先生各种死缠烂打。

Z先生是半宿生,每天下午放学后都在教室多学习一会儿再回家。而矫情小姐是内宿生,下午放学直到上晚自习的时间很短,所以每天放学后在宿舍抢占冲凉房洗澡的画面太美，外宿生不敢想象。每天放学铃响后，教室里最淡定的除了Z先生外，还有假装埋头苦干的矫情小姐。

她心里的小心思，不过是能够和Z先生一块走一段路，换一句简单的注意安全后，再洗大桶大桶的冷水澡让内心小鹿乱撞的自己冷却下来。

一晃就坚持了几个季节。

5

去年的情人节前后，Z先生若无其事地给了矫情小姐一块德芙巧克力，矫情小姐的脸瞬间红到脖子根儿。但随后Z先生又管矫情小姐要了三块回来。啧啧，真不划算。

但欠我五毛一直不还的矫情小姐还真给Z先生买了三块。

高三要分AB班。Z先生肯定在A班，俩人能同班的概率微乎其微。于是临高二期末考前，矫情小姐缠着Z先生誊写一首诗给她。最后面瘫君Z先生还真认认真真地誊写了一首诗。

那首诗矫情小姐有给我看过，我粗略地看了看，总觉得写得很拗口，没想太多就把那首诗扔回给矫情小姐。

矫情小姐宝贝地揉了揉皱褶，小心翼翼地藏好。

6

高三总会来，Z先生果然在A班，矫情小姐在B班。由于不同班，两个人的关系慢慢淡了下来。

但Z先生还住在矫情小姐心里的那座房子里。

看到Z先生和别人一起上下学，矫情小姐会黯然失落；在高三饭堂里，Z先生一个人吃饭，矫情小姐也不敢光明正大地坐Z先生对面侃大山，她只会挑远到抬头刚好能看到他的位置，不让他发现；每次月考，矫情小姐比谁都关心Z先生的成绩排名浮动，他考好了比她自己考好了还要高兴。

面瘫君Z先生却从没有主动找过矫情小姐。

我经常调侃他俩，矫情小姐知道后每次都一脸认真地说从这一秒开始不再喜欢Z先生，但一觉醒来第一句就是Z先生。所以当她再想信誓旦旦地说"我不再喜欢Z先生，真的"的时候，我都会一脸认真地说："对啊，的确很真，天真的真。"

每当有人说起他俩的时候，矫情小姐总会大言不惭地承认自己喜欢Z先生，迫不及待地把自己那点儿小心思毫无保留地暴露出来。但却没有勇气亲口和Z先生说过那四个字。

我有锐兵精甲三千，却不敢轻叩你的城门。

7

　　昨天我邀请矫情小姐和几个同学来家里玩，吃完饭后挤在同一张椅子上看了一部微电影。电影里插播了一首孙燕姿的歌，我正看得捧腹大笑，却感受到椅子一抖一抖的。扭过头，发现坐一旁的矫情小姐湿了眼眶。

　　暖洋洋的下午，空气变得湿漉漉。

　　矫情小姐低着头问我，你说Z先生对我到底有没有感觉。我犹豫了一会儿说，我和他认识了很久，给我感觉这人一直冷冷的，脸上没有太多表情，通俗点儿说就是面瘫似的，所以我也捉摸不透。

　　矫情小姐倏地一下站了起来，拎着书包说，我不太舒服先回家了。

　　晚上八点左右，微信提示矫情小姐发来语音，她在里面说了一段话。我听不清楚，于是把语音转换成文字：

　　下午电影里放的歌你有没有认真听？
　　"是谁给感觉起了名字/让我们自以为有共识/这会不会是场天大的误会/别让我看清我们之间/越靠近越容易发觉/这一切都不过是错觉。"
　　或者像歌词说的那样，这一切都不过是错觉。刚刚我把我们之间从高一到高三发生的事都回忆了一遍,才发现那么多我以为念念不忘的事情都记不真切了。我的记忆力真的很差,对不对?

从头到尾似乎只有我一个在傻。我做什么,怎么做,说什么,怎么说,想什么,怎么想……全都被他的一举一动牵着鼻子走。我真的好累,好累。

所以我决定放手了,或者说不再那么傻乎乎了。

十五六岁的年纪,要学会把喜欢说出来;十八九岁的年纪,或者该学会把喜欢埋在心里吧。

它不应该破土而出,或者可能外面根本就没有太阳在等待。

我想了很久,发了几个字过去:
乖,摸摸头。
她此刻应该又哭得像个傻帽,像上次她月考英语考差了一样躲厕所里哭半天。
但眼泪擦干就好。

8

围姐在微博里说:"最可怕的不是讲真心话,而是每一次你的真心话都变成一场大冒险。"那么从矫情小姐第一次向别人说起这份喜欢开始就是一场冒险吧。这场冒险真的太长了，从高一军训一直跨到了高三。

其实冒险再长都没关系，我想矫情小姐最怕的是这场冒险里从头到尾只有她自己。

往左边挪一挪，矫情小姐心里的那把伞也为Z先生挪一挪。

最后在青春的这场大雨里却把自己淋得像只落汤鸡。

会感冒，甚至会发烧。

但总会好起来。

我想矫情小姐会永远记得和Z先生的第一次拥抱，第一次合照，第一次骑单车，第一次回家，第一次吃的德芙巧克力的味道，还有很多很多个第一次……

虽然可能也是最后一次了。

Z先生给矫情小姐的那首诗晦涩难懂，我只记得最后两句：

怜卿一片相思意，犹恐流年拆鸳鸯。

忘了哪部电影里说过：凡是我加上"我实话跟你讲哦"的话，都是假的。

我实话跟你讲哦，我不喜欢你。

真的！

一个人的戏

李雨丝

暑假来了。

暑假不紧不慢、冒着热烟悠悠地溜达了过来。班主任老王也不紧不慢、恰如其分地展开了轰轰烈烈的补习班工作。刚忙完期末考试没几天,我们班全体又怀着强烈的牺牲精神投入到了不可抗拒的补习班运动中。

西子跟我一样,对这种补习班恨之入骨,却又只能忍气吞声。我们一起坐在黑暗的躲避教育局侦查的小屋里,呼吸着闷热的空气,演算着该死的函数。

过了很长时间的昏睡和憋闷,西子突然压低声音跟我兴奋地说:"我哥来了。"

"你哥?"我本能地抬头望向那个小小的被木板钉上的窗子。

她拿给我藏在桌子下的手机,上面是一条短信:你哥哥来了,今天他去接你到百世饭店吃饭。妈妈。

"我哥,超帅的哟。"西子冲我眨眨眼睛。

"唔。"我嘻嘻一笑,然后油腻着脸回头继续算题。

那个时候我绝对不会想到,这条短信像一把裹了蜂蜜的锋利小刀,一点点、锐利却又甜蜜地,划开了我十四岁炎热黏腻的七月。

终于放学了,我和西子绕了好几个弯才走出了迷宫般的小巷——为了躲避教育局,老王真是不择手段。

"你哥能找来吗?"我用手扇着热风。

"他在马路上等我!"

"他是哪里人啊?"

"他小时候在这里长大,后来去了英国。"

"啊,好厉害。"

"那当然了!"西子骄傲地说。

没多久,我们走到了马路上,远远地,一个高高的男生向我们挥手。

"看,是他!"

我望向走来的男生,一瞬间屏住了呼吸——弯弯的、仿佛藏笑的眼睛,不经意牵起的温柔的笑容,两眼中间有一颗小小的痣,细细的黑框眼镜低低地挂在鼻梁上……

我见过他。

那还是在去年,我在订阅的杂志上看到了一个叫三盐的男生的作品小辑。他的文字充满了复杂多变的心理描绘，语言像浓墨重彩的油画，一切描述都成色块状呈现在眼前。读到最后，我整个人怀着惊心动魄的敬佩，看到了他的照片，照片中那浅浅的似有若无的笑容给我留下了抹不去的印象……

那笑容和眼前招手的男孩重叠。

我知道他们是一个人。

"这就是我哥！"我缓过神来，看到西子一把拉住了她哥哥的胳膊。

我仍然呆愣原地，西子哥哥礼貌地对我点头。

"我们要赶去饭店，先走啦！"西子说着，就和哥哥一起离开了，我看着他们坐上一辆出租车，出租车消失在马路转弯处。

我的心脏仿佛隔了好久，才重新跳动起来。灼灼空气中，我伸手触摸自己的脸颊。此刻，它比头顶的太阳，还要滚烫十三分。

那天回家后，我抽出那期杂志来，着急地翻到"三盐的作品小辑"。我盯着他的照片看了好久好久，久到妈妈喊我吃饭我才恋恋不舍放下。

晚上，我重新读了他的文字，找出一直舍不得用的笔记本，蓝色钢笔一笔一画把每一个绝妙的句子摘抄下来，抄到右手中指酸痛才搁笔。字台前的窗户被推开，一股热风吹进，挟裹着青草香。我闭上眼，想起他笔直挥手的样子。窗外不知名的虫子叽叽吱吱吵闹，睁眼，杂志里三盐的照片正冲我牵起那抹不经意的微笑。

那之后的每一天，我都能看到西子的哥哥来接西子回家。他就像脱俗的少年，站在世俗的街头，黑白条纹短袖，藏青色牛仔裤，简单干净。

我没有告诉西子三盐的事。我不知道为什么，心里紧紧的，就是不想告诉她。它是我的秘密，我本能地守护。

补习班没有课间，我很少能和西子聊起三盐——即使有空又能怎样，哪怕西子偶尔提起他，我也会忍不住装作不在意，却在心里迫不及待地希望她多说点，再多说点。

他开始骑着自行车来载西子，一辆有些年岁的老自行车，西子每次坐上去，都会让它嘎吱嘎吱响一会儿。

三盐笑她："西子，你怎么这么胖。"

"我胖？"西子瞪大眼睛，"你哪只眼睛看见我胖了？"

"这只。"他认真地指着自己的左眼，回头揶揄地瞧着西子。

西子被逗乐了，使劲捏他的肉，他那本来弯弯的眼睛彻底成了新月，无奈地说："真是没大没小呀你。"

"你以为你有多大。"西子得意地扬起头，"对吧小律？"

我也嘻嘻笑着，看着他们兄妹欢闹。

心里，有点咸咸的感觉。

老王布置了一道中考题给我们做，那难度对于现在的我们还有点高，一群人大脑迟钝地转动着笔头，我猜大部分人跟我一样，只是往草稿纸上抄条件，然后写个大大的"解"字罢了。我还在解，西子悄悄跟我说："我今天会去百草玩哦。"

百草是新开的汉堡店，里面有很多有趣的游戏设施，价格很高。

"好棒啊。"我羡慕地说，"给我带包薯条就够了。"

"还是咱们一路人。"西子桌子下给我伸了个大拇指，"你知道我哥说我什么吗？"

"什么。"我尽量不经意地接道，按捺住心中的窃喜——终于又谈起三盐了。

"他说我……没一点儿姑娘家的样，嘴快得倒像个小丑。"

我愣愣地反应了一下："奇怪的形容。"

"是啊，他都不看我们正常人看的书。说的话当然奇怪了。"

老王朝我们这边走过来，我们赶紧闭嘴继续抄条件。

话题就这样切断，我不好意思继续问西子"你哥哥到底看什么书"，那样看起来一定很故意。

老王扫了一眼我们的习题进度，摇着头回到小讲台开始讲解。角落里新安置的风扇和老王抢着制噪。

西子说要去上厕所。

"再忍半个小时就下课了。"

"忍不住了。"西子冲我挤挤眼。我明白，她就是想出去透个气。

西子走后，我撑着脑袋，听着风扇的嘶鸣，突然间，一个念头蹿入脑海。想着这个念头，我的心开始怦怦跳，紧张得头直冒汗。整个世界仿佛一下子全被抽走了水分。

然后，我混混沌沌地，吞咽一口口水，把自己的钱包，放到了西子的书包里。

直到放学和西子告别，我的全身还是僵硬地不能舒展。走到十字街，一股风吹来，才吹开了我紧绷的神经。

过了好一会儿，我才慢慢平定下来，拿起手机，拨通了一个号码。

嘟——嘟——嘟——

"喂？"

"西子，我钱包不见了。你看看你那里有吗？"

"应该没有吧……你等一下，我去拿我书包……啊，真的在！好奇怪……明天我拿给你。"

"可是我急用，我现在去你家拿吧。"

"我正要去百草诶……不过我哥在家，我让他给你好吗？"

"……好。"

"嗯，那先这样。挂啦。"

放下电话，心里像是有无数小草苗蹿头蹿脑，痒痒地要生长出来。

"聪明给予了她华丽的光荣，狡黠是她凯旋的披风。"我想起三盐笔下这样一个句子，现在，这句话被我轻轻地吐出，消散在七月盛夏。

我徘徊在西子家门外很久，才犹豫着按了门铃。门铃一响，我便听到脚步声走来，猫眼一黑，门就开了。

"小律，你的钱包。"

三盐站在门口，穿着一件蓝青色的衬衫，牛仔裤一丝不苟，光着脚丫，踩在木质地板上。他手里拿着我的钱包，冲我笑。

"谢谢……"

我紧张地接过，大气不敢出。目光小心翼翼地跃过了他的身子。

他仿佛察觉到我的神态，礼貌地弯弯腰："进来喝杯果汁？"

"……"我没有应答，因为"想"和"不敢"像厮打的两个混蛋，在我心中来回揪扯。可是我还没有给出答复，他已经推开门等我进来了。

我涨红着脸，紧张地走了进去。

"只有橙汁哦。"我进去之后，他显得更加亲切，试图让我不要拘束，"不过味道很好，西子很喜欢喝。"

"嗯……"

他进厨房给我打果汁，我拘谨地站在客厅。西子家我来过，可是此刻却仿佛在一个全然陌生的房间里，不知所措。

茶几上扣着一本红色的书，我看到上面写着镀金的六个字"莎士比亚全集"——这，这就是他的世界吗？西子所说的，"奇怪的书"？

我盯着那本书，开始胡思乱想。

"要吃西瓜吗？"三盐把我从恍惚发呆中扯出。我仿佛惊醒，才意识到西子不在家我进来做客多么不合适，这样想着，我急急说了一声"不用了，我先走了"便匆匆离开。我听到西子哥哥从厨房走出来唤我的声音，可是我的脸太烫。

除了一声回响在楼道里的"对不起"以外，什么都说不出了。

莎士比亚。此刻，我抚摸着从爸爸的书架上取来的莎士比亚的作品，坐在字台前吹风。怪不得那么独特、文学，原来他读如此古典的书。一想到自己每天只看些小说杂文，我就顿时感到羞愧，仿佛在他面前说话都变得很掉价了……

我看着书皮走了很久的神，抽出了那本抄写着他文字的笔记本，翻开崭新的一页。

在深深的夏夜里，我开始摘写莎士比亚作品里的句子。

书里的形容词庞大而丰富，我为了理解读得很慢，有时候读一页都要翻好多遍字典。那一整个晚上，我都没读完一部《皆大欢喜》。

第二天补课，西子带了百草的薯条，我们放在桌子下面，一根根抽着吃。

"我哥说你很可爱，他对我说'比你这个小丑可爱多了'。"西子突然提起。

"啊？"我一惊，夹好的薯条掉地。我想起昨天的窘迫和落荒而逃，顿时觉得颜面扫地……

"你惊什么？"西子瞪了我一眼。

"他……还说什么了？"我不敢看西子的眼睛。

"没有了啊。"西子拍拍手，"好了，剩下的你吃吧，我昨天吃了好多。"

我收回百草薯条，舒了一口气。看来，西子不知道我的窘迫。

不知为什么，想到这里，心里升起一股暖意。好像我和他之间又多了一些微妙的联系。

因为抄写"莎士比亚"，我的一小罐墨水很快用完了。我有一个怪癖，在写珍贵的东西时只愿意用钢笔。

所以尽管已经天黑了，我看着眼前读了一半的《罗密欧和朱丽叶》，仍然决定出去买墨水。

"让我，对你说一千次的晚安！"夜晚的大街上，霓虹灯明晃，我背着手，雀跃着脚步，小声念着罗密欧的台词。

因为是假期，天又黑了，以往去的文具店都关门了。我尝试着询问精品店。

当我走进一家叫"枚"的店里，问到"有没有墨水"时，我竟然惊讶地看到了我所有行为的动机——三盐！他也听出了我的声音，回头跟我打招呼："小律。"一贯的温柔笑容。

"三……西子哥哥。"我愣在原地。

"这么晚，还出来买墨水？"他走了过来，我看出，他换了一副眼镜，镜框变粗了，"很勤奋啊，西子现在应该在看电视呢。"

"我……我也只是无聊……"我大脑短路地找话接，"你也买墨水吗？"

"哪里。"他被我的问话逗乐，笑出了声，"我来挑点礼物。"

"……生日礼物？"我仍然没有头绪地努力维持着来之不易的对话。

他摇摇头，微笑着回答："七夕。"

他回答得迅即、妥帖，表情没有一丝变化，无论是害羞还是认真。

七夕。我的耳朵轰一下仿佛被冲击，头开始发胀，眼睛也顿时酸胀肿痛。七夕是什么节，我不会不明白。当我满大街找墨水抄写莎士比亚作品的时候，他在满大街地挑选七夕礼物。是啊，他这么优秀，一定已经有了心爱的女孩，而我呢？我是一个普通的中学生，我们连朋友都不是，可我是在做些什么奇怪的事情，抱些什么奇怪的幻想啊……

眼眶开始发热，像是热敷着被烫过的毛巾一样。

"我、我是来买墨水的……"我慌张地一鞠躬，"我再去找找……"

就像上一次在西子家没有好好地告别一样，落荒而逃。

走在同样的路上，却再也念不出欢快的台词了。方才店里的酸肿，此刻涌出一股热流，划过我的脸颊，我伸手将它们抹掉。

奥兰多看到罗瑟琳第一眼便爱上了她；罗密欧见到朱丽叶也发了狂；巴萨尼奥只是远远地望着鲍西亚，从此坠入了爱河。

戏剧里仿佛真有丘比特的存在，射中了，便不可救药。

可是现实的情况，只是一个普通的中学生，读一本普通的杂志，认识一个不普通的男生，他走入了我的世界，我无法走入他的世界。

眼泪不可抑制地滚落出来，再也无法用手背轻易抹去。我呜呜地哭出了声，蹲在七月清凉的末梢上。仲夏的拐角边，相遇的时光残缺。

已经抄了825句的笔记本，停留在了825。

补习班结束，七月过去，老王把八月赠送给了我们自己。我看不到接西子的三盐了。

一直期待的暑假真正到来，却像一块干瘪的海绵，挤不出一点点令人兴奋的传奇。我懒懒地躺在床上，像被空调烘烤的土司，翻个身，再翻个身，最后终于连翻身也懒得动，只是趴在床上，空空地想着事情。"莎士比亚"被打扫家的妈妈收回了书架，妈妈一边打扫房间，一边埋怨着我的懒惰和松散。

西子打来电话，邀请我去她家吃火锅。

她的声音充满活力地透着电话线传来,和我松垮的脸格格不入。

我想起了三盐,想起了我们为数不多的交流以及我屡次的逃跑。

"算了……不合适吧。"

"来吧,我哥哥也说叫你来呢!"

"是吗……"

"我妈妈特意调制的汤料,都是邀请最好的亲朋好友来吃哦!"

"可是……"

"好不给面子哦,小律!来陪我嘛。"

"会不会……"

"小律!下次我也不去找你玩了哦!"

"……"

我答应了西子。

那天下午,我早早地就去了西子家。在西子的房间里,和西子聊天、看西子新买的图册。西子哥哥敲门进来给我们送橙汁。我礼貌地接过,无意中看到他的胳膊里竟然夹着那本"莎士比亚"。

"哎呀!大变态!送个水还不离书!"西子瞧见了,用不穿鞋的脚踢了他一下。

哥哥抽出书拍了一下她的头:"你这个不学无术的家

伙。"

西子摸摸头冲我说："你瞧，小律，我哥就是这样老气横秋……"

哥哥无奈却又宠溺地瞧着妹妹，向我耸了耸肩膀。

"老气横秋这个词不是这么用的。"

"你这种老人家懂我们年轻人吗？"

"你这小鬼……"

……

"那，你最喜欢哪一篇？"在他们两个人玩闹的时候，不知为什么，我鼓起勇气，对着三盐，缓慢地，问出了这句话。

这句话一抛出去，三盐愣了，西子也愣了。大概他们都没想到，我居然会问出这种问题吧。

"《威尼斯商人》。"隔了那么几秒的空白，三盐对我说。

"啊，博学多才的法官！听着，犹太人；好一个博学多才的法官！"我装着剧中的强调，说出一句有趣的台词，三盐的眼睛一下子亮了，惊喜地指着我："你也看'莎士比亚'？"

"看过几篇而已……"

"这一段真是太妙了，我看着总会笑出来！"他的声音充满了喜悦。

"葛莱西安诺，'不拘礼节'的放肆的家伙，但就是这样的角色有趣。"我努力让自己平静地回复。

"没错，就是这样。"三盐仿佛寻到知己一样，开心地对我说，"聪明的莎士比亚！"

……

我们接着聊起莎士比亚的写法、角色的塑造、经典戏剧的情节……三盐滔滔不绝，说了很多我还没看的剧本，我努力地跟着他的速度和节奏，心脏跳得很快。

不多一会儿，西子的妈妈叫我们准备吃饭，对话结束在了"四大悲剧"。摆放餐具时，西子还不断地问我"你竟然看莎士比亚？""你什么时候开始看的？""真的很好看吗？"

我被问得很急。不等我回答，西子若有所思地自己总结："连你都觉得好看，也许真的好看呢……"

她并没有发现我暗藏的心思。我悄悄松了口气。

那真是愉快的一天，丰富的对话，美味的火锅。回家的路上，我又禁不住念起了剧中优美的台词。

三盐最喜欢的是《威尼斯商人》。

——"美人，请恕我大胆，我奉命来把彼此的深情交换！"

——"可是为了您的缘故，我希望我能够六十倍胜过我的本身，再加上一千倍的美丽，一万倍的富有！"

……

我不断切换着角色,快乐地旋转在人行道上。

我想,这种心情,叫作共鸣。

回到家,看到桌面角落825条的笔记本。我静静翻开它,再次取来爸爸的"莎士比亚",重新坐到写字台前,抄写未完的175条。

还是想送给他,这1000条莎士比亚。

也许是头脑发热,也许是一时充满了勇气,也许是豁了出去。总之,我要写完,我要送给他。

八月最后的暑假,我全都留给了抄书。我把三盐提到的那些我没看的剧全部看过,然后从中摘选最绝妙的175个句子。笔记本被我用彩铅细致地妆点,每一个句子后面都打上了它唯一的烙印。

新学期像一列轰鸣的火车,叫嚣着鸣笛驶来。

离开学还有三天,我终于整理完了全部的笔记。

当时是清晨九点,太阳光投射在我的镜子上,反了一道亮白的光芒。我伸个懒腰,看着笔记本上整齐的字迹,小巧的图案,想象着三盐拿到它时的表情……

还是,让西子代我送吧……

"难得遇到也喜欢莎士比亚的人,很开心,帮我送给你哥哥吧!"我演练着。

"啊,这是我读'莎士比亚'时做的一份笔记,你哥哥不是也喜欢莎士比亚吗?送给他吧!"我一拍手,仿佛面前正站着西子。

"上次的聊天很愉快,这本我做的笔记送给你吧。"表情恢复到淡定,对象切换成三盐。

……

下午五点,我站在西子家门口。

最终,我还是决定亲手送给他。我不知道我们是否还能再见,他在英国,我在中国,我们甚至都还不知道彼此的全名。可是,我不想让全部的心意落了空。

想亲手交给他,看到他惊喜的表情。

而直到那一刻,我也才明白,自己一直对西子隐瞒着这一切,正是因为我从心底深深嫉妒着她,那是一种敌对的戒备。在西子面前的"哥哥",有无奈、有欢笑、有调皮、有生气,他会敲她的头、会用语言损她,不会向对我一样只有相同的照片上的表情。

我所见的三盐,只是一个十页的作品小辑,一本厚厚的"莎士比亚",一抹似有若无的微笑,罢了。他不是有血有肉的三盐,只是我的幻想,罢了……

想到这里,心头有些酸。

就让我亲手把自己从幻想送回现实吧。

我按下了西子家的门铃。

"小律?"穿睡衣的西子打开门,惊喜地看着我,"你来找我玩吗?"

"嗯……"

走进去，房间里空空的，只有西子一个人。

"只有你一个人吗？……"

"是啊，我爸妈已经上班了。"

"……你哥哥呢？"

"他？"西子一下子倒在沙发上，摆出一个舒服的造型，"他上个礼拜就回英国了。"

"回英国？！"

"是啊，"西子奇怪地看了我一眼，可能想不明白我的意外，"我不是跟你说过吗，他高中就移民英国啦。"

"喔……对啊……"我低下了头，掩饰着自己的情绪，"真的好厉害。"

"带了一堆中国结走了，"西子突然笑起来，"还是送给英国的女朋友过七夕，你说他傻不傻？哪个女孩子会喜欢这种礼物啊……"

西子在沙发上大声笑，我也牵扯起自己的嘴角，努力地笑，再努力地笑，掩饰自己心中快要填不住的悲伤。

书包里的笔记本突然变得像石头一样沉重，压着我的肩膀，让我不能直起身。

那天回家后，我把爸爸的"莎士比亚"、笔记本、彩铅、钢笔全部压在了箱底，封锁到了储物柜的最底层。如同囚禁了十六世纪的威廉·莎士比亚，埋葬了所有华美的语言。

  他二十五，我十四，他在英国，我在中国。相逢便是幸运吧。

  那年夏天是一次华丽的戏剧，就算是独角戏，夏末，也该谢幕了。

你给的，美好昨天

鹿　眠

回忆的夏天

那是2014年的夏天，高一的我由于数学极差，母亲大人给我报了个数学补习班。尽管极其不愿意，但我终还是拗不过母亲大人，于是在每个晨光熹微的清晨都要踏上自行车开始我的补习之旅。

我有时候会很相信缘分这种东西，就像我一直相信我和你的相遇是必然的。我没能如愿去学摄影反而被丢在一群和我一样的数学白痴中绝对是为了和你相遇。

起初我并没有注意到你，我在补习班里随便找了个靠窗的位置坐下。窗外是条僻静的小巷，偶尔也会有几个行人匆匆走过，到拐角处一转身就再也看不见了。

我收回遥望的眼神，一转头便直接撞上了你看向我的目光，我错愕地睁大眼睛看着你，刚想开口问明原因，你却抢先一步开口："我们是不是在哪见过？"

烂俗的搭讪手段。

我在心里暗暗鄙视你一番。"就在前几天的cosplay展上！你帮我拍过照！"你恍然大悟似的指着我大喊起来，紧锁的眉头舒展开来，竟也有几分好看。

我努力回想记忆中那个男孩的脸，又望了望眼前的你。你正一脸期待地盯着我，那表情活生生把"你想起来了吗"这句话印在了脸上。

我点点头，算是默认。你见状开心地在我旁边的空位坐了下来。你的话比我一个女生还多，滔滔不绝，但一点儿也不让人厌烦。天文地理，你总能说出个所以然来。在你的"演说"中，我也算对你有了初步了解。热情阳光开朗，喜欢动漫，喜欢摄影，语文可以甩我几条街，可是数学和我是同一条水平线上的。

在一个月左右的补习生活中，我们慢慢熟络起来。就算是补习，你也常常走神，总是在我认真做笔记的时候丢过来一张纸团，上面写着些奇怪的问题。

大多数时候我都故意把纸团往你脸的方位砸回去，你每次都表情夸张地瞪着我，瞄一眼老师又扭过头来冲我胡乱地比画口型。我压抑着笑故作镇定，做出一副认真听课的表情，无视你朝我默默竖起的中指……

我根本不敢想，如果补习班上没有遇见你，只剩下毫无生气的数学题和窗外嘶鸣的知了，那该多无聊，时间该多烦躁，我又该花多长时间，才得以在茫茫人海中遇见你。

有次你丢过来一张纸条，上面依然写着个问题。你写：整个世界是什么？

张皓宸在《我与世界只差一个你》中有这样一句话：世界说大很大，说小很小。大到走了那么久还没跟对的人相遇，小到围着喜欢的人绕一圈，就看到了整个世界。

对不起，少年。这个问题拖了那么久才回答你，世界的含义其实分很多种，比如那年那个回忆的夏天，就是我的整个世界。

我们曾一起追逐梦想的那些年

我从来没有问你在哪一所学校，所以当我走进高二分班后新的班级时，看到坐在教室里的你，还是有些诧异，你激动地跟我打招呼，随后又帮我搬书整理课桌，惹得认识你的几个同学连连起哄。

我们学校有个不成文的规矩。每个学期都要调整一次班级。高二上学期即将在我们的恍惚间过去，所有人铆足了劲儿，想在高二下学期进军重点班，你和我也不例外。

语文英语政治历史地理通通如海啸般压过来我都能勉

强应付，而数学只像喷泉一样的难度都可以把我击得溃不成军。

庆幸的是身旁还有一个你。我们互相鼓励互相搀扶着前进，试题练习和不断更替的笔芯占据了记忆的大部分，一个学期下来，单是错题本就写了三大本笔记。

高二下学期分班名单贴在公布栏上，我们都如愿进了重点班。可惜的是，学校有两个重点班，你在一班，我在二班。分班名单上的我们两个名字隔着一张A4纸的距离，明明并不远，可在我眼里却像一个在南极，一个在北极。

你给的，美好的昨天

我每天借着上厕所的幌子路过你们班，就是为了能看见坐在靠窗的位置的你，很多时候你都是低着头做讨厌的数理化。清风拂过你细碎浓密的黑发，光亮停落在你星辰般的眉眼，连因难题苦恼而皱起的眉头都好似一幅大师的佳作。偶然间你会抬头，偶然的偶然，你会碰上在走廊经过的我，然后嘴角一扬，露出一口皓齿。

这就是你冲我打招呼的方式。

泰戈尔在《飞鸟集》中有句很出名的诗句：你微笑着不同我说什么话。而我觉得，为了这个我已等待很久。

这句话用在我身上，恰是妥当。

我们都是凡人，无法拽住时间令它停留。高三伴着知了的长鸣和水泥道上斑驳的树影悄无声息地落地。

  复习枯燥而紧迫。我再也没有时间跑到你们班上看你写作业的样子，我再也没有时间握着手机把你的微博从头翻到底，但我想趁我还有一点时间把我们的故事写成文字，趁昨天还没变得遥远，趁未来还没来得及走近。我想让它帮我们记住所有美好，记住初次相见你古怪的神情，记住下雨天同一把伞回家的尴尬，记住炎炎夏日里，你满头大汗跑到马路对面的便利店，笑脸盈盈地捧着两只雪糕回来……

  记住你给的，美好的昨天。

  《左耳》上映时，我和朋友去影院看了这部电影。朋友对杨洋演的许弋赞不绝口，而我却对胡夏演的尤他记忆深刻。

  在影片快结束的时候，尤他去远方读大学，他送给小耳朵一部手机，并在远行的车上向她告白。盯着大屏幕，我在影院里捧着爆米花热泪盈眶。

  有人说人只有看到与自己相像的人、相像的遭遇时才会感同身受泪流满面。有时候我觉得尤他和我很像，默默喜欢一个人那么久，陪他笑，看他闹，他难过的时候自己也会闷闷不乐一整天。

  可尤他最后还是释怀了，他一个人坐上驶向远方的火车，去一个没有小耳朵的明天，就像胡夏在《美好的昨天》里唱的一样："回忆里有你的温暖，才不会，觉得太孤单。"

所以我想我是不是也该释怀了，毕竟人生那么长，未来那么远，谁也不知道前面是光亮还是黑夜。如果抓住昨天不放手，今天就会陷入回忆，明天也会在不久的将来重复今天的情景。

陈升在歌曲《牡丹亭外》里唱过这样一句：你问我怕什么，怕不能遇见你。

既然已经遇见了，那我还怕什么呢？

少年。谢谢你给的，美好的昨天。
但请原谅我要前往属于我一个人的明天。